精益制造 *031*

TQM
全面品质管理

TQM品質管理入門

〔日〕山田秀　著　　　赵晓明　译

人民东方出版传媒
People's Oriental Publishing & Media
东方出版社
The Oriental Press

目 录

Contents

卷
首
语

　　本书是一本关于TQM（Total Quality Management：全面品质管理）的入门指导书，旨在面向没有TQM相关基础知识的读者群。通过对TQM其概要、方法、基本思维方式和历史背景、开展方法以及与之息息相关的当前热点加以归纳，从而让读者轻松掌握其真髓。

　　企业要想立足进而壮大，必不可少的条件之一就是，需提供过硬的产品质量或服务品质过硬。任何一个质量或品质不达标的企业，必然逃脱不了被淘汰的命运。那么，究竟企业该怎么做才能提高产品质量和服务品质呢？

　　想要达到上述目的，仅靠某个部门或某个人的努力是不够的，需要在公司决策层的带领下，整个企业齐心协力共同参与。比如，即使检查部门竭尽全力避免了让残次品流入市场，但如果设计做得不够新颖，也还是得不到市场的青睐。只有企划部门准确把握市场需求，将市场需求反馈给设计，与设计部门协同合作才是关键。TQM 是凝聚企业整体力量来提高产品质量和服务品质的活动。因此，本书的受众不仅限于直接从事质量、品质管理的人士，在语言方面也力求通俗易懂，以满足各个层面人士的阅读需求。

TQM 在 20 世纪 90 年代之前，还是日本的特有专利，其他任何国家甚至不能效仿一二。因此，"Made in Japan" 就是质量和品质的代名词，在全世界范围内赢得了无可比拟的竞争力。当今，虽然从名称上来看各不相同，但是不管哪个具备竞争力的企业，都在脚踏实地地实践着 TQM 的基本内涵。比如，以质量和品质来赢得国际竞争力的企业，无一不在实践着各自的 TQM 方案。而在质量和品质之外的其他方面有着国际竞争力的企业，也都在实施着高出标准水平以上的 TQM 方案。换言之，TQM 是企业生存发展不可或缺的前提条件。

就在笔者刚意识到，关于 TQM 方面的入门指导书在市面上寥寥无几，而与最近的热门话题相结合的书籍更是少之又少之时，我正好接到了日本经济新闻社希望我执笔这样一本书籍的委托。本书涵盖 TQM 的方方面面，包括历史沿革以及 ISO9000 和六西格玛的说明。诚盼通过阅读本书，能够对各位读者在提高产品质量、提升服务品质方面的管理起到抛砖引玉的作用。

山田秀

第 1 章

什么是 TQM ？

TQM 的目标

TQM（Total Quality Management）是指在公司顶层领导的带领下，全体团结一致，致力于生产出可充分满足顾客需求的产品或提供相应的服务等一系列的活动。在制造业领域即提高所生产产品的质量，服务业则是进一步提高所提供服务的品质。从这个角度来看，TQM 不仅适用于制造业、服务业等所有行业，企业的规模大小也不受限，不管对小企业还是大集团，都是相当有效的。为了更好地贯彻 TQM 质量管理体系，包括改善环节的统计手法、组织体系运行的方针管理和日常管理、促进部门之间沟通顺畅的品质功能延伸，以及支持这一系列改进的各种积极思路都会被提及。

如果产品的质量或服务品质不过关，就会因为失去客户而最终在市场上销声匿迹。质量、品质的重要性，即使是管理的门外汉，对此也是相当清楚的。但是，高质量的产品和高品质的服务要怎样才能实现，是不是仅靠生产部门和服务部门的努力就足够了呢？

以生产汽车的企业为例，车门的开关很顺畅，完全没有任何问题。但是因为设计得不够好，开关门时上下车都很不方便，这样的车会不会被认为质量不过关呢？生产部门在生产产品方面、客服部门在提供服务方面有着举足轻重的作用，但是仅有此还是不够的。从设计阶段开始，就有必要积极考虑客户的需求。比如宾馆，即使严格按照顾客服务手册的规定条款来提供服务，但若这个手册本身不够完善，也绝对无法达到令顾客满意的高质量程度。所以，要想提供高质量的产品和优质的服务，仅仅依靠特定的个别部门是远远不够的，需要整个组织和企业团结一致，共同进步。

本书的主要目的在于介绍 TQM 的概要及精髓。高质量的产品和优质的服务不是靠空喊口号就能实现的，它需要在高层强有力的领导之下，各个部门按照各自的特点抓住关键点进行有效的改进。本书以 TQM 的出发点、方法、历史背景的介绍为主，并对 ISO 9000 质量认证体系以及美国的六西格玛质量流程管理等进行了介绍。

什么是质量和品质（**Quality**）

（1）质量的好坏取决于客户的满意度

在这一节中，我们先来讨论 TQM 中的 Q（即质量和品质），质量和品质的好坏不是由产品和服务的提供者来决定的，而是由使用产品和享受服务的顾客的满意程度来决定的。如图 1-1 所示，在讨论质量和品质的时候，出现了三个对象，即顾客、产品和服务以及提供产品和服务的企业。这里的顾客，狭义上来讲即为产品的使用者和服务的享受者，广义上来讲则涵盖了所有与产品和服务相关的利害关系者。

进一步来讲，只有顾客满意，才能认定"这个产品质量过硬""这家服务水平高"。即使有公司自卖自夸说"我们公司提供的产品质量世界第一",只要没有得到顾客的认可,那也只能说是自吹自擂的假话。

无论是质量还是品质,对应的英语都是 quality 这一个单词。但是在本书中,为了更好地区分产品和服务,在提及硬件产品的时候使用了"质量"一词,在涉及服务的时候则使用"品质"一词。

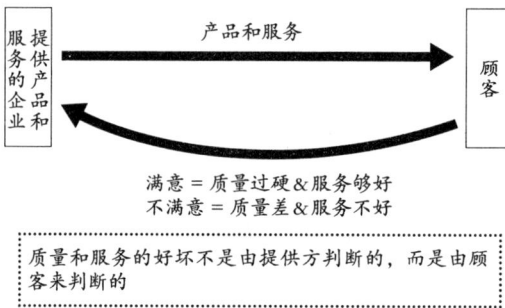

图1-1 顾客、产品&服务、提供产品和服务的
企业与"质量和品质"之间的关系

(2)质量、品质内涵的变化

如下所示,判断质量和品质的好坏标准,也是随着时代的变化而变化:

6

提供产品和服务的企业

→使用者（狭义上的顾客）

→不仅包括使用者，还包含了相应的社会关系（广义上
的顾客）

这一变化，在生产产品和提供服务的企业来看，变化的趋
势如下：

产品和服务是否达到规格要求

→产品和服务的规格是否能被消费者接受

→除直接消费者外，还要看能否被环境和社会所接受

从产品和服务的直接消费者来看，这一变化的趋势又是另
外一个样子：

是否具备产品和服务的基本功能

→基本功能是否满足顾客需求

→使用产品和服务从环境角度是否被社会所接受

上述变化出现的时期，则根据产品和服务的种类以及社会形势而有所不同。

以 20 世纪 70 年代初期的铅笔为例，当时买到的铅笔中，常有不符合产品规格、甚至连写字这一基本功能都不具备的残次品。那时我还是小学二三年级，运气差的时候买到的铅笔的芯都是断的，每次削铅笔削出来的铅芯都没法用。另外，还有的铅笔芯里有不明成分的奇怪物质，写起字来手感非常差。

当时却很少有人埋怨生产铅笔的企业，相反大部分人都会觉得是因为运气不好才买到了一支不能用的铅笔。也就是说，关于产品的质量，人们在潜意识中认为一部分产品质量即便不达标也是可以被认可的。我们可以将其理解为，这就是当时社会环境下的由产品提供者来决定产品质量的一种表现。

而到了现在这个时代，平时已经很难买到不合规格的铅笔。因为现在人们的意识里认为铅笔能好好写字是理所当然的，产品就应该且必须符合各自的规格。比如，现在推销汽车的时候就不能说"因为这辆车不会出故障，所以质量很好"，而是要更积极地满足顾客驾驶舒适的需要。在这一阶段，可以理解为物理条件的充分契合就可以达到客户满意的效果，如图1-2（a）所示。

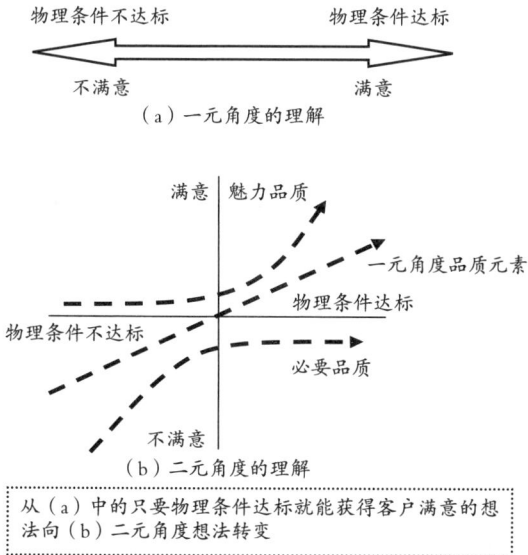

图 1-2　物理条件达标与客户满意度关系图

在此基础上，物理条件达标和客户满意度之间的关系，需要更进一步从二元角度来予以考量。所谓二元角度的认识方法，以狩野纪昭博士所提出的"必要品质和魅力品质"最广为人知，如图 1-2（b）。

比如，汽车只是能够无故障行驶已经无法让用户感到足够的满意，但是如果汽车不能正常行驶，则必然带来用户的不满。这一部分就属于图中的必要品质。此外，如果车上没有搭载高精度的导航系统，并不一定会导致用户的不满，但是如果有了这样的配置，就会让客户感受到生产商积极考虑客户需求

9

并力求满意的诚意。这一部分则属于商品的魅力品质。此外，很多客户喜欢燃油性能好的车，相反，不喜欢燃油性能差的车。这则是一元角度的品质。

如上，汽车的行驶，其必要品质是产品和服务的基本功能，关乎产品和服务是否能够立足。所以，提供产品和服务的企业应该在首先确保必要品质的前提下，再研究如何附加魅力品质和服务。

（3）质量、品质的外延

随着竞争的日趋激烈，品质和质量的范畴也在不断扩展。

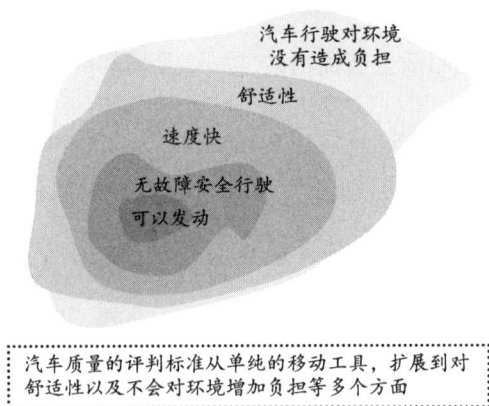

汽车行驶对环境
没有造成负担

舒适性

速度快

无故障安全行驶
可以发动

汽车质量的评判标准从单纯的移动工具，扩展到对舒适性以及不会对环境增加负担等多个方面

图1-3　对汽车要求标准扩展图

其概念如图 1-3 所示，以汽车为例，曾经的质量合格与否在于能否确保无故障行驶的基本功能。之后，对质量的要求大大超出能否正常行驶这一要求，对舒适性和稳定性等多个方面也开始有了评价的标准。今后，类似评价的范畴预计将会继续延伸。

当今社会，"可持续发展"这个字眼频繁出现在人们的生活中，随之对汽车的要求也如图 1-4 中所示。在当今时代，为了让客户满意，不但需要提供高质量的产品和高品质的服务，还要就提供的产品和服务是否会对环境造成负担，甚至对社会的贡献也要对客户进行说明。

这一趋势的一个典型代表案例，就是美国数名电影演员曾

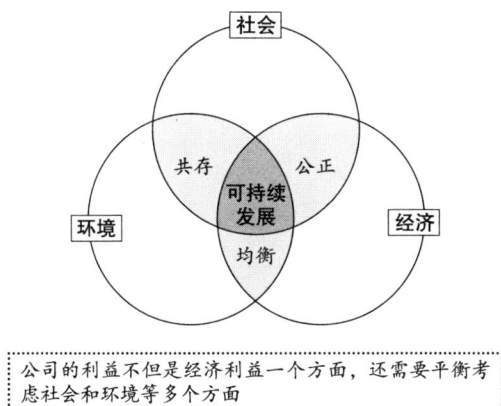

公司的利益不但是经济利益一个方面，还需要平衡考虑社会和环境等多个方面

图 1-4　持续的成长的要件

经在颁奖典礼现场身着晚宴服，乘坐小型环保汽车登台。一般情况下，出席盛大的颁奖典礼时大都会乘坐大型豪华轿车，而特意选择小型环保汽车正是为了展现环保意识。从这个案例也可以看出环境负担已成为产品品质中所包含的一个重要元素。

除了环境以外，对社会的贡献也相当重要。产品的质量和服务的品质是如何与社会贡献相挂钩的，最多也只是通过某些单个产品来加以应对，到目前为止还没有相对完整的理论概念。但对企业来讲，社会贡献的意识将会越发显得重要。在20世纪初，TQM体系中还没有与社会贡献相关的手法和概念，但是考虑到这一部分的重要性日益凸显，今后有必要加以系统地整理。

管理（Management）的内涵

（1）管理的实质是确定目标、实现目标的流程

TQM 中的 M（Management）即管理或经营，也就是确定目标后为了切实实现目标而采取的各种手段。"品质管理"一词是英文 quality control 的译词。但是 control 一词的直译又是控制的意思，是指在被给予目标后达成目标的流程，并不包含决定目标的意思在内。如图 1-5 所示，控制是指为尽可能快速达成目标所付诸的行动，但是，将 control 翻译成"管理"，大概对日本企业来讲从某种意义上暗示着更广泛的活动，引导企业向 TQM 发展。

所谓管理，就是在控制的意义之上包含了如何决定目标

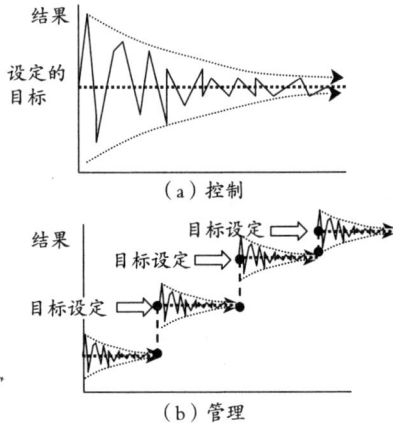

控制是指为实现目标所付诸的行动，而管理则包含设定目标和实现目标两个方面

图1-5　管理=控制（control）+目标设定

的行为，即准确把握市场的动向，如何设定品质目标也成为了管理的范畴。这一重要的思考方式，也就是后文中要提到的PDCA的循环。也就是，设立目标并为实现目标确定计划（Plan）；然后为具体实施做准备并予以实施（Do）；接下来再将实施的结果与目标加以对比进行检查（Check）；最后再根据检查的结果付诸实施（Act）。

（2）合适的目标源自企业的品质方针

各自部门的目标，在企业整体的质量、品质方针得以贯彻的时候，都会被提上日程。也就是说每个企业都有自己的理念、愿景和战略，并以此为基础来确定关于质量和品质的方针。品质和质量作为企业的方针，在企划、设计、生产、营业、流通等所有部门加以贯彻，并决定各个部门的目标。

在网上搜索一下"品质方针"这一关键词，就会发现很多企业标在自己的官方网站上都有明确提出。企业的各个部门也都是在这样的方针指导下贯彻质量和品质的目标。为了达到这一目标，本文后述的"方针管理"就是一个有力的工具。详情请参考本书第3章中的方针管理一节。

（3）维持与改善

管理包含两个方面，即维持和改善。维持是指让结果持续保持与目标水平一致的状态的活动。想要达到这一目的，必须做到保持能对结果出现重大影响的元素持续在一个固定的水准。另一方面，改善则是将目标本身提升到一个更高的维度，并将其实现。所以，只要能够实现将改善的状态加以维持并反复循环，就可以确保结果持续改进。

品质管理被公认始于20世纪20年代，美国的修哈特（Shewhart，W.A.）博士倡导的管理图（control chart）方案。管理图方案是将维持的基本原则即控制（control）具体化的工具，

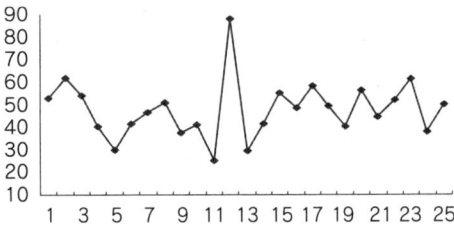

（a）时间系列图标

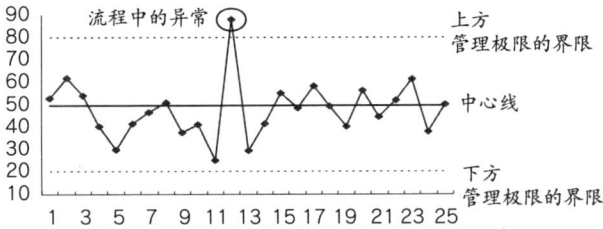

（b）管理图

管理图是在时间系列图标基础上添加管理极限的界限值，以此为基准可以发现流程中的异常现象

图 1-6 管理图概要

其中的时间系列图标如图 1-6（a），管理图则如（b）所示。

管理图与时间系列图标类似，竖坐标是衡量产品特性等结果的指标，横坐标是时间轴。只不过有一点不同的是，管理图上增加了管理极限的界限值。平常我们能得到的数据都有一定的浮动，管理极限值可以明确显示出因为误差而导致的浮动结果。如果出现了超过极限数值的数据，说明在出现这一结果的流程（工序）中发生了异常情况。其中的流程（工序）是指在产生结果流程中的一系列环节，包括生产环节和提供服务的环节，不同的公司对此有着不同的定义。

在管理图中，只要每个点都是在管理极限界限内随机分布，则说明流程中没有出现导致异常的因素，一直处于相对稳定的状态，数据的随机分布也只能解释为偶然原因。采用这样的管理图，可以确认流程是否一直处于相同的稳定状态，是用来维持的有力工具。

改善是指目标没有达成或者现状与应有的状态偏离时，用来解决这些问题的一系列活动。为了推进改善活动，需要准确把握现状并做出适当的判断。

（4）良好的流程与良好的结果之间的关系

还需要考虑到一种情况，就是流程处于较好的维持状态，而结果却不甚理想。如图 1-7 所示，为了确保结果处于良好状态，需要随时检查结果和流程两个方面，并对流程加以处理。

流程与结果的二元关系如表 1-1 中的（i）所示，共有以下四种情况：

（a）流程稳定，没有出现不合规格的产品和服务

（b）流程不稳定，没有出现不合规格的产品和服务

（c）流程稳定，出现了不合规格的产品和服务

（d）流程不稳定，出现了不合规格的产品和服务

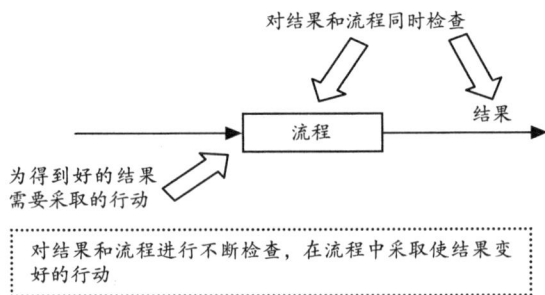

图 1-7 对结果和流程的检查

各种情况下的应对方法整理后则如表 1-1（ii）所示，打个简单的比方就好比是学生的考试结果和努力流程的关系，这样可能就很好理解了。

（a）类的学生平时认真听课，预习复习也很积极，考试结果也很理想。即学习流程处于稳定的良好状态，结果也处于令人满意的水平。此类学生预计在今后的考试中也会保持相对优秀的成绩。如果是这种类别的产品，只要保持现有的流程没有波动，今后也不会出现脱离规格的产品。

接下来是（b）类的学生，平时不怎上课，复习也不认

表 1-1　流程状态与结果状态关系图

（i）2×2=4 种状态

		流程	
		稳定	不稳定
结果	好	（a）现在好将来也好	（b）今后有变差的可能
	不好	（c）流程稳定但是状态不好（慢性不良状态）	（d）流程和结果都不好

（ii）今后的改进方向

		流程	
		稳定	不稳定
结果	好	（a）继续保持目前的努力势头	（b）使流程稳定，以（a）为目标而努力
	不好	（c）需要找到全新的着眼点	（d）首先需要使流程处于稳定状态

根据结果和流程的所处状态，改变今后的管理方法

真，也就是说学习的流程非常不好，但是作为衡量学习情况的一个标准，还要看考试的结果。也许这次考试通过了，但是下次考试就有可能通不过。如果是这样的产品，可以理解为现在还没有出现不合规格的产品，但是却无法保证今后也不出现不合规格的产品。这种情况下，需要彻底贯彻产品标准，努力使流程处于稳定状态。

（c）类的学生尽管从不缺勤，也认真练习复习，但结果却没有通过考试。这种情况是按照老师的安排使流程处于稳定的状态，所以与其说是学生的问题，倒不如说是课程内容、练习安排等老师方面的应对有问题。换作是产品的情况下，相当于工作人员按照操作标准进行生产，却出现了不合规格的产品。这种情况下，不是操作人员的工作有问题，而是管理者一方有问题。所以，应该重新审视公司的管理方法。

最后一种（d）类的学生，基本时间内的练习和复习都没有保证，从流程上来看处于非常不好的状态，最后的结果是考试也没有通过。这种情况下的首要课题是使流程进入良好的稳定状态。在确立流程的最初阶段，出现这样的状态也属常见现象。为了使流程进入稳定状态，首先要设定标准并教育操作人员遵守操作标准。

（c）和（d）的两种情况，一般认为（c）更难解决。（d）的主要课题就是按照标准使流程进入稳定状态。简而言之就是搞清楚需要做什么。反而是（c）的情况属于慢性不良状态，重要的是如何解决流程中出现的问题。也就是不知道从哪里开始着手，与（d）相比解决起来更为困难。我曾做过教师，每每出现一直都认真听课，努力预习复习但是结果仍无法顺利取得学分的学生时，我就会反省自己教育能力的欠缺，并苦于如何改进。

"综合（Total）"性活动的必要性

（1）TQM 中"综合（Total）"的两个方面

TQM 里边的 T，即综合性，有如下两个方面的含义：

（a）对质量和品质的综合考虑

（b）企业整体的综合考虑

首先关于（a），过去只要产品和服务符合规格就能让顾客满意，规格本身就可以决定是否满足客户的要求。随着时代进步，顾客的满意程度也从曾经重视个体满足，转变为追求包含顾客在内的综合性满足。比如说混合动力型汽车，在满足客户对燃油性能要求的基础上，又增加了对环境无负担这样的新要求。不仅限于此，今后对产品和服务的要求，还需朝着更加综合的方向发展。

（b）中的综合考虑，则指需要公司的各个阶层、各个部门来考虑质量和品质的重要性。比如，最能听到客户意见的部门是哪个部门呢？一般来说都是各个公司的销售部门。为了更好地满足客户需求，需要销售部门积极听取顾客的意见建议，并将其转达给企划部门。由企划部门来对顾客的意见建议进行翔实的分析，实行（a）中对质量和品质的综合考虑，并从技术角度的可能性出发制作企划方案。另一方面，还需要设计部门、企划部门和研究部门携手，基于客户的需求来进行设计。所以，整个公司所有部门的全体参与对质量和品质的改进是非常有必要的。

（2）企业管理层设定综合方针，各个部门围绕方针展开活动

推进 TQM 的一项重中之重就是需要决策层基于公司的愿景、战略来设定关于质量和品质的综合方针，并将这一方针作为各个部门的目标，由各部门基于该部门目标来开展活动。决

策层的作用就是平衡方方面面，为保证企业的可持续发展，确定企业前进方向的大方针。如果只需要考虑其中一方面，那很容易就可以保证活动方向的一致性，但是如果必须均衡考虑多个方面，就可能出现各自为政的混乱局面。所以就需要决策层确定综合性方针并传达到各部门，各部门则将其贯彻执行。

（3）不断推进综合性的维持和改善是核心内容

TQM 的核心内容是，在综合考虑质量和品质的前提下，各部门从该部门角度出发，持续推进改善与维持且不断重复地实践。这里所说的改善不仅包括在现有系统的基础上提高质量和品质的方法，也包括构筑新系统并大幅度提高质量和品质的活动。在其他一些论述里，有的把前者称为"改善"，后者称为"改革"或"创新"，以便区分。但是本书的重点不在于对这些定义进行详细的论述，因此把所有对现状予以改进的活动统称为"改善"。

TQM 的历史变迁

（1）TQM 在经济发展中的重要作用

　　TQM 在日本战后经济的发展中发挥了举足轻重的作用。众所周知，日本没有丰富的自然资源供出口获利进而发展经济，所以在战后的经济复兴和发展中，除了积极发展工业以外无其他途径可选。所以，优先需要考虑的就是以政治维稳来确保自身安全，其次就是建设港口和道路以确保运输手段、完善电力和供水系统以确保生产的动力，以及强化基础设施建设。

　　基础设施的完善，并不代表产品和服务能够被市场所接受、工业化进程能顺利进行，还需要一些额外的条件，比如出口产品的时候，需要具备一些其他公司没有的卖点。大部分日本企业选择了把提供"更高质量的产品"和"更高品质的服务"来作为自己的卖点。

在本节中，笔者对应日本经济的发展阶段，来介绍品质管理的历史变迁。

图 1-8 显示的是按照美元来计算的日本人均 GDP（国内生产总值）的变化，从图中可以看出，战后日本经济经历了从缓慢发展到高速经济增长，然后到了 20 世纪 90 年代后进入停滞期的变化。

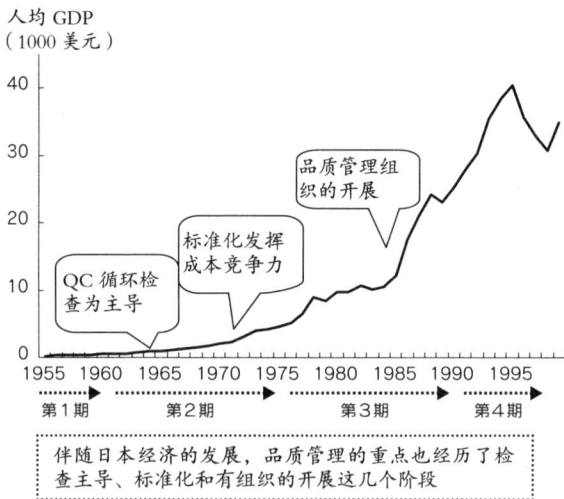

人均 GDP
（1000 美元）

品质管理组织的开展

标准化发挥成本竞争力

QC 循环检查为主导

1955 1960 1965 1970 1975 1980 1985 1990 1995

第1期　第2期　第3期　第4期

伴随日本经济的发展，品质管理的重点也经历了检查主导、标准化和有组织的开展这几个阶段

图 1-8　日本经济发展与品质管理的演变

从品质管理的角度着眼，图 1-8 可以划分为四个时间段，各自不同的时代背景和经营环境的变化以及品质管理的目标和方法一目了然。下文所讲的是通过整体观察得到的发展趋势，当然在不同行业中，或多或少都存在着差异。

（2）第一阶段：20 世纪 60 年代前的 TQM

截止到 20 世纪 60 年代，日本最优先考虑的课题就是确保基础设施建设以实现工业化国家的目标。直到 20 世纪 50 年代初期，"日本制造"还是廉价劣质的代名词。为了改变这样的印象，引进"品质管理"成了很多企业的重要课题。具体来说，就是 20 世纪 50 年代戴明博士（Deming，W.E.）访日开展品质管理讲座。这一时期，包括采用初步的统计手法在内，最基本的管理的建设和基础管理手法的运用是这一时期最主要的发展方向。可以说，这一时期的目标在于质量的控制。

（3）第二阶段：20 世纪 70 年代中期前的 TQM

20 世纪 60 年代开始，日本开始朝着工业化国家方向大力

开展基础设施建设。另一方面，当时的日本人均 GDP 为 3000
美元左右，跟欧美发达国家相比还处于非常贫困的阶段。但同
时，贫困也代表着出口时的价格竞争力。在这一阶段，各种活
动的主要方向就是摆脱第一阶段的廉价劣质印象，实现第二阶
段里的标准质量和品质，充分发挥成本竞争力优势。

这一时期开发的品质管理相关手段，用现在的话来说就
是 5S 系统，也就是整理、整顿、清扫、清洁、素养。此外就
是规范工作的标准化，减少流程中的各种偏差。此外，从第一
阶段开始用于实践的统计学品质管理（SQC：Statistical Quality
Control）也以生产现场为主开始扎根。小集团内的活动 QC 循
环，也是在这一时期开始被引进到了很多企业内。

当时还有个流行词叫作"舶来品"，是指用船运过来的外
国货，也是质量上乘的代名词，比如常说的进口货。这也暗示
了当时的日本人对国外产品的崇拜情结。

（4）第三阶段：20 世纪 90 年代前的 TQM

20 世纪 80 年代，日本经济突飞猛进，并进入了泡沫经济
崩溃的前夜。在这一阶段，人均国内生产总值从 1 万美元增加

到 3 万美元，日本已经跻身世界最富有国家行列。但是，同时这也意味着日本失去了第二阶段里曾经拥有的成本竞争力。这样一来，就必须强化其他方面的竞争力。大多数日本企业选择了"实现更好的质量和品质"的战略。简单来说就是以正常的价格来提供更好质量的产品和更高品质的服务。

那么，这一战略又是如何实现的呢？其中的关键词就是综合性（total）。在欧美等先进国家的企业里，更加重视部门间的划分，"质量和品质是负责质量和品质的部门的事情""监察部门对质量和品质负责"是习惯做法。而在日本企业，则是企业整体对质量和品质进行综合考量，所有部门一起努力。现有 TQM 的框架即 TQC（Total Quality Control）也是在这一阶段的初期诞生的。另外，在这一阶段的中期，品质管理的对象开始从制造业发展到建筑行业、通信行业、服务行业等其他行业。

在这一阶段，品质管理（QC）开始得以综合性发展，从这个意义上来讲，其名称也发展成为 TQC。当前的 TQM 中的一些手法，如方针管理、日常管理和分类管理等也多是这一时期开始形成的。

（5）第四阶段：21 世纪的 TQM

伴随着泡沫经济的崩溃，日本企业的独家秘诀"企业全体综合致力于质量品质管理"开始在其他国家得以实践，其中大多数都是以日本企业的做法为基础，再结合本国文化后形成自己独有的体系。比如，20 世纪 90 年代后半期，六西格玛管理法在美国成为一股潮流。这一管理法也是以日本的 TQM 为基础，再结合美国文化加以改进的。关于六西格玛，将在第 6 章的第 4 节详述。

另外，第 6 章第 1 节中详细介绍的 ISO 9000 质量认证体系是有关于质量管理系统的国际标准。ISO 是国际标准化组织，关于 ISO 9000 质量认证体系的第一版，于 1978 年出版，当时在日本并没有产生太大的反响。但是当 1994 年和 2000 年分别出版第二版和第三版的时候，日本企业正好迎来国际化浪潮，很多企业不得不面临取得认证的情况。2000 年的大改版中，日本以 TQM 的大量内容为基础，对标准化规格进行了修订。

那么，日本的 TQM 是不是已经过时，对企业来说是不是已经不再是必需品了呢？答案是否定的。伴随着经济环境的多样化，第三阶段之前的日本企业在品质管理方面的做法有六个特点，简单总结如下：

①与第三个阶段实行 TQM 带来的繁荣相比，在 21 世纪的今天实施 TQM 是在经济竞争中生存的必要条件。也就是说，不仅在日本，在国外也想拥有竞争力的企业，必须实践 TQM 的各项要求，以确保提供能让顾客充分满意的质量和品质。只不过，不同企业所采用的实践方法的名称各有不同。比如美国企业大都采用六西格玛管理法，但是实际内容跟日本的 TQM 是大致相同的。

②质量和品质拥有国际竞争力的企业，大都在第三个阶段的 TQM 基础上根据企业自身的特点加以改进和发展。比如丰田汽车在战略性技术研发的同时持续不断坚持切实的品质管理实践，以达到品质管理水平不断提高的目标。

③对顾客满意的质量和品质不予重视的企业，会最终被市场淘汰。对 TQM 的基本原则不予认真对待的企业也会因为质量和品质方面出现问题被市场所淘汰。

④TQM 品质管理被大量应用到医疗等领域。

⑤对 IT（信息技术）的有效运用使得企业可以实时掌握客户的信息，不少企业也引进了相关的运用框架。

⑥与第三阶段相比，对质量和品质的理解更加趋向于综合化。获得成功的企业在设定品质和质量的方针时，会综合考虑企业经济利益和对社会、环境贡献的平衡点。

TQM 的各元素以及本书结构

TQM 的构成要素，一般来说分为以下三个方面：

行动方针与基本思路（详见第 2 章）

单个流程中的实践方法（详见第 3 章）

企业整体的开展方法（详见第 4 章）

按照这样的方法加以区分，对 TQM 的构成就会很好理解。其概要如图 1-9 所示。

TQM 的一个重要特点就是，不仅提供了行动的目标，还同时提供了为实现目标所需要采用的解决方案。首先，在第 2 章阐述的"行动准则和基本思路"，是指在实践 TQM 流程中，无

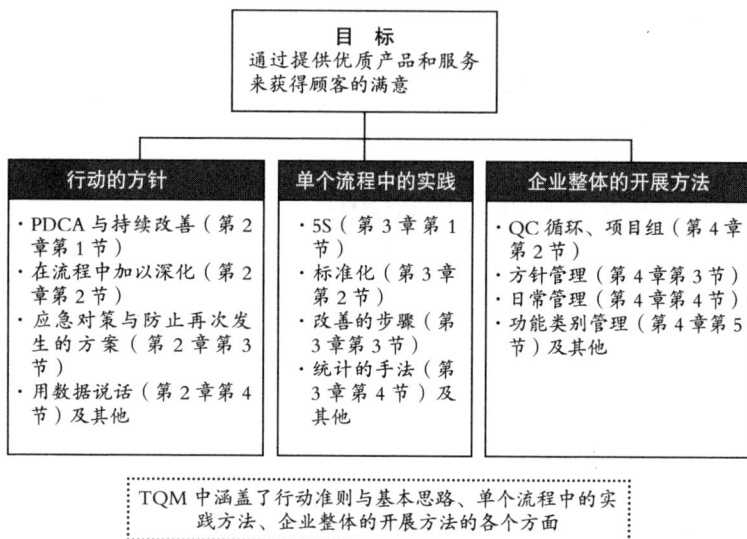

```
┌─────────────────────────┐
│          目   标          │
│  通过提供优质产品和服务      │
│  来获得顾客的满意           │
└─────────────────────────┘
```

行动的方针	单个流程中的实践	企业整体的开展方法
・PDCA与持续改善（第2章第1节） ・在流程中加以深化（第2章第2节） ・应急对策与防止再次发生的方案（第2章第3节） ・用数据说话（第2章第4节）及其他	・5S（第3章第1节） ・标准化（第3章第2节） ・改善的步骤（第3章第3节） ・统计的手法（第3章第4节）及其他	・QC循环、项目组（第4章第2节） ・方针管理（第4章第3节） ・日常管理（第4章第4节） ・功能类别管理（第4章第5节）及其他

> TQM中涵盖了行动准则与基本思路、单个流程中的实践方法、企业整体的开展方法的各个方面

图1-9　TQM的目标与实现目标的三要素

论什么样的情况和流程，都需要时刻牢记的各个事项。第3章论述的"单个流程中的实践方法"，涵盖了标准化和统计方法的运用。第4章的"企业整体的开展方法"则主要着眼于如何在顶层决定的方针指导下推动开展企业整体的活动。

第5章则是按照平常生产产品和提供服务的流程划分的"研发""企划""设计""生产＆销售""流通"各个环节，来对各个阶段的TQM要点进行说明。在第6章中，除了介绍ISO9000质量认证体系和六西格玛管理法等TQM模式，还将对实践TQM的背景和文化进行解说。

第 2 章

支撑 TQM 的行动准则和基本思路

PDCA 与持续改善

（1）TQM 的基本原理 PDCA

为获得客户的满意，最为重要的管理原理就是 PDCA 的循环。如图 2-1 所示，PDCA 分别是计划（Plan）、实施（Do）、检查（Check）和处理（Act）的英文首字母。

计划由两部分构成，即"决定目的和目标"与"决定为达到既定目的和目标所需要的方法"。实施则分为"实施的准备工作"和"按照计划实施"。检查是来确认实施的结果是否与事先确定的目的和目标相符。最后的处理则是根据目的和目标与实施结果之间的差别来进行处置。如果是未达到原定目的和

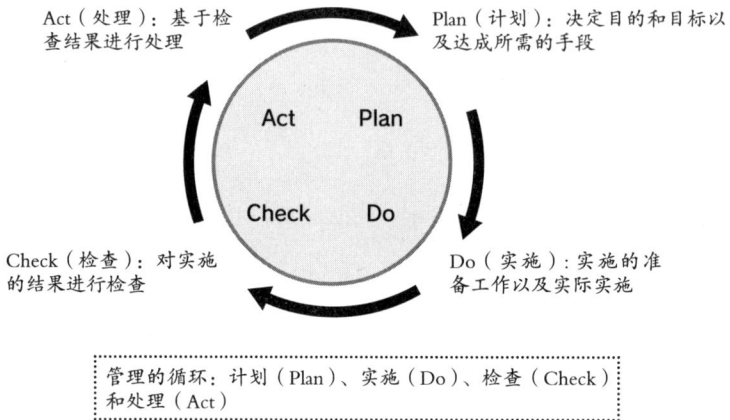

Act（处理）：基于检查结果进行处理

Plan（计划）：决定目的和目标以及达成所需的手段

Check（检查）：对实施的结果进行检查

Do（实施）：实施的准备工作以及实际实施

管理的循环：计划（Plan）、实施（Do）、检查（Check）和处理（Act）

图2-1　管理的循环

目标，就需要调查原因，根据原因进行处置，或改变之后的实施方法或重新设定目的和目标。

比如生产液晶电视的工厂要制定新产品的生产计划。首先在计划阶段，参考市场分析结果和生产能力，确定产量和预计生产日期等目标。然后再根据以上目标来确定如何采购零件、如何配置生产线、如何组装。

接下来在实施阶段，首先要调试好机器，对工作人员进行培训，为生产做好准备。然后再按计划投入生产。

然后是检查阶段，重点检查产量和预计生产日期是否与目标相符合。这里的检查直接决定了最终能否达到期望的质量和

品质，以及最终产量。在检查的时候，除了核心的 Q（Quality
质量？品质）、C（Cost 成本）、D（Delivery 交货期和产量）以外，
还涉及生产的各个方面。

在处理阶段，如果产量未达到预期目标，需要分析出现这
种状况的原因，比如设定的目标是否合适、为实现目标所采用
的方法是否合适、实施的准备中是否有不足之处、实施流程中
是否有瑕疵，然后根据分析的结果进行处置。如果确认是工作
方法存在问题，就需要修订工作标准，以避免再次出现问题。
然后再从计划开始重新确定各个工作步骤。

（2）持续改善源自 PDCA 的无限循环

不断进行 PDCA 的循环，必然会带来持续改善的良好结果。

即便最初计划阶段未能达到目标，也可以通过适当的处
置来实现目标。所以，逐渐提高目标的标准，即使目标一时过
高无法实现，也可以通过适当的处置来使实现更高目标成为可
能。像这样持续不断地实践 PDCA 的循环，就可以最终结果的
水准进行持续改善。这一点如图 2-2 所示。

比如某汽车生产厂家，在全公司范围内开展了持续的改善

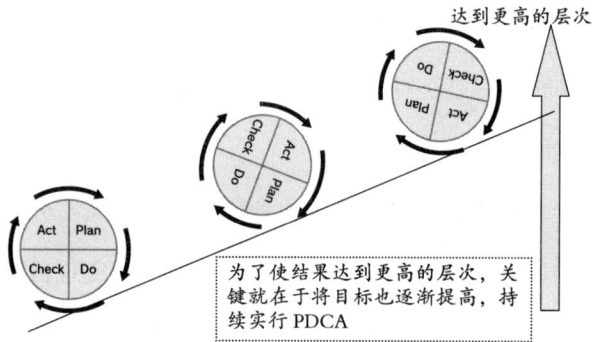

达到更高的层次

为了使结果达到更高的层次，关键就在于将目标也逐渐提高，持续实行 PDCA

图 2-2　改善：不断实践 PDCA，以达到层次的提升

活动。其中的一个环节就是在生产现场实行 QC 循环和提案制度。在各个生产现场持续实行 PDCA，将最终结果提升到了一个更高的层次。

（3）PDCA 是管理系统的基本原理

PDCA 不但能运用到产品质量和服务品质的改善中，企业还可以将之运用到一般的日常管理中。比如第 6 章中介绍的质量管理体系国际标准 ISO 9000 中就对此予以了采纳。另外，环境管理体系国际标准 ISO 14000 中，也将 PDCA 作为基本原理导入。

通过流程加以深化

（1）不仅关注结果，还应强化流程

为了提供质量更高的产品和品质更好的服务，需要对生产流程进行积极管理，充分做好以标准化流程来制造质量更高的产品，提供品质更好的服务。在将产品和服务提供给客户之前进行检查，有着非常重要的意义，可以避免将不符合规格的产品和服务提供给顾客。但是，这还远远不够。

比如，请读者数一下在本书中"的"这个字一共出现了多少次。答案是多少呢？自己数完一遍后，不管是让别人来数一遍还是自己再重新来一遍进行核对，估计最后结果仍然不会完全相同。

这就说明，即使进行检查，也有可能无法找出不符合规格的产品和服务。也就是说，在检查的流程中，可以一定程度上找出不合规格的产品和服务，但是想要准确率 100% 也是不太现实的。

下面以制作面包为例，可以更好地说明只靠检查是不能做到完全达到质量要求的。比如，提供给客户的面包都需要符合一定的克数标准，假设克数的规格要求在 100~105 克之间。将每一个面包称重测量出的结果如图 2-3（a）所示。因为提供给

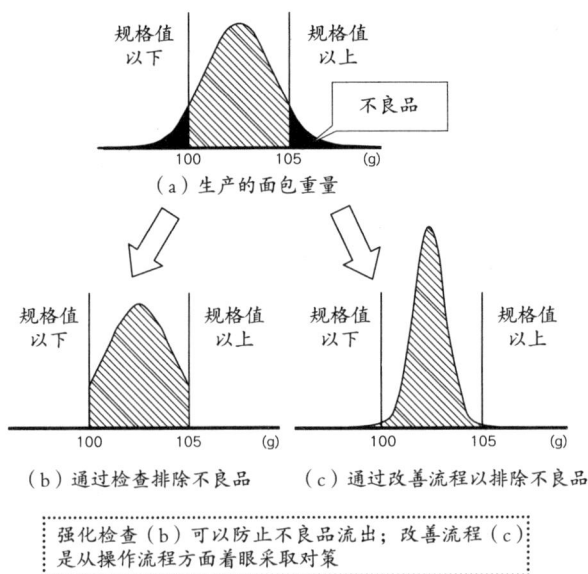

（a）生产的面包重量

（b）通过检查排除不良品　　　（c）通过改善流程以排除不良品

强化检查（b）可以防止不良品流出；改善流程（c）是从操作流程方面着眼采取对策

图 2-3　面包生产中去除不良品的方案

客户的产品的重量要满足 100~105 克这一规格，图（a）中涂黑的部分即为不良品，这样的产品是不能提供给客户的。如果按照检查来排除不良品的思路，就如图（b）所示，只将规格范围内的产品提供给客户。采用这样的方法，不但存在之前说的漏检问题，而且会出现资源浪费等其他问题。

如果通过标准化流程来进行改善，则如图（c）所示，通过减小重量的分布范围来使面包的克数上下浮动保持在一定的范围内。如果能采用这样的方法使流程更加稳定，将来客户收到不良品的几率也会大大降低，资源浪费等方面的问题也会迎刃而解。

（2）强化流程的必要工作

为达到通过强化流程来实现高质量的产品和高品质的服务，首先要明确流程中包含什么样的元素，各个元素间又应该进行何种项目的管理。在 ISO 9000 中，将这一系列流程的系统应用称为流程解决方案，这一应用也可以说是品质管理系统的基本原则。

下面我们来考虑一下到底什么是流程。所谓的流程就是将输入变为输出的流程。比如在生产组装产品的时候，各个零件就是输入，组装完成的产品就是输出。将各个零件组装后变成产品的过程就是流程。

对流程进行设定后，接下来就是确定一个标准，即在各个流程中做什么样的工作。这时，对结果产生重大影响的部分要重点考虑如何设定标准。然后按照设定的标准进行生产、提供服务，并对结果进行检查。在检查结果的基础上再进行必要的处理。也就是说，所谓的流程其实就是 PDCA 的循环。

（3）后期工作与客户的关系

强化流程中的一个重要认识就是，"后期工作就是客户"。通常情况下，流程都是由若干个副流程构成的。如图 2-4，显示的是餐馆的服务流程。

顾客进店时，首先是由前台确认有无预约、就餐人数以及理想用餐位等信息，以确定客人的席位。这是第一步流程。然后将确认好的信息传达给待客负责人，由该负责人将客人引领至席位。这时，从待客负责人的角度来看，为了更好地为客人提供服务，就需要知道"顾客一共有几名""现在已经全部到

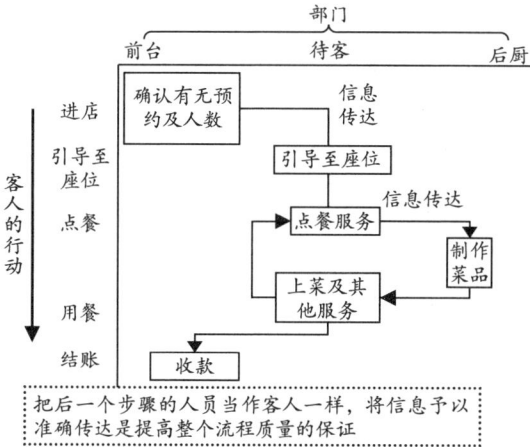

图 2-4　餐馆的服务流程

齐，还是稍后还有人来""是不是第一次来"等信息。如果前
台负责人带有觉得自己的工作已结束、后边不必再操心这种糊
弄的态度的话，是无法为客户提供优质服务的。

　　因此，还必须考虑各个流程之间的密切衔接，明确认识自
己工作的最终目的是为了顾客。必须深刻意识到，自己所完成
的工作，同时也是下一项工作的开始，必须要将工作做到位。

（4）以饭店为例，说明如何强化流程、提升服务质量

　　继续以之前的餐馆服务为例，来讨论如何通过流程来提升

服务质量。餐馆里的服务包括客人进店、领位、点餐、吃饭、结账等一连串的服务流程。客人进店时，前台服务人员要确认有无预约、人数、是否等待其他朋友、是否第一次来就餐等情况，并决定给客人安排的席位。另外，重要的一点就是还要把这些信息传递给待客负责人。所以，这里就需要制作"前台接待手册"，对前台向顾客询问的事项以及需要传达给领位负责人的事项加以规范。

接下来的流程是客人就座后的服务。在这里，需要根据前台负责人传达过来的信息，如果预约人数已经全部到场，就需要确认点餐。另外，如果预约的时候也已预约过菜品的话，还要确认菜品是否需要变更。以前台信息为基础的待客方法也应该整理成手册加以规范。

同样，原材料的采购来源，制作菜品的菜单也应该进行规范，确保一定数量的菜品可以长期供应。除了菜品本身外，"本日推荐菜"和"已售罄菜"的信息传递也很重要，所以这样的信息传递也需要进行规范化处理。这样，所有对最终结果产生重大影响的事项都用流程加以规范，剩下的就是以"顾客就是上帝"的理念来提供高质量的产品和高品质的服务。

应急对策与防止再次发生的方案

（1）所有对策应该从"应急"和"防止再次发生"两个角度出发

采取对策解决出现的问题时，分为两种情况。一种是为解决直接面临的问题的"应急方案"，另一种是为了避免同样问题再次出现的"防止再次发生方案"。

假设有一名顾客因为发动机故障将汽车交给了经销商。从经销商的立场来看，首先需要最优先处理的就是尽快解决这名顾客的汽车发动机故障。然后，为了防止再次出现类似的故障，需要向生产汽车的公司反馈故障的详细情况，并采取彻底的解决方案。前者对故障车采取的方案即应急方案，后者为防止再次出现故障而采取的措施则是防止再次发生的方案。

以上的考虑方法，在我们日常生活中也发挥着相当大的作用。比如患感冒的时候，作为应急方案就需要抓紧治愈现在的感冒症状，如去医院看病、静养或者吃些补充精力的食物。而防止再次发生的方案则是平时多运动努力增强体质、使生活节奏更有规律，打造成不易患感冒的强健身体。

（2）深谈应急对策和防止再次发生方案

应急对策需要将已经出现的现象和发生的问题尽快予以消除。防止再次发生的方案则需要切实实践以下各个项目：

（a）找出产生问题的根本原因

（b）充分认识到已经出现的问题只是现存问题的冰山一角

（c）寻找类似问题，一并找出应对措施

（d）应对措施的效果要通过长时间的数据来进行确认

首先是（a）中的找出原因一项，即找出发动机故障的真正原因所在，看问题出在供油系统还是电力系统。如果是更换发动机的话，这只是对顾客采取的应急对策。但是，同样的发动机故障，还有可能发生在其他顾客身上。为了防止出现这样的问题，重要的一点就是找出产生问题的根本原因。

接下来是（b），出现问题的时候，这是大部分的人都不想面对的情况。但是不得不承认的是，已经发生的问题真的只是冰山一角。这一次顾客报修的发动机故障，在其他顾客那里同样有出现问题的隐患存在。因此，需要公司全体人员都深刻认识到，表面存在的问题只是冰山一角。

（c）项中所说的就是需要继续对类似问题进行缜密调查。发动机出现故障的时候，不仅仅要把有故障的发动机修好，还要研究同型号的发动机会不会出现类似的故障，并提出修改方案。更进一步来说，需要不仅限于同型号发动机，对类似型号的发动机会不会出现同样的故障，也需要进行详细研究。像这样不断扩大考虑问题的范围，就可以在更大程度上防止问题再次出现。

最后是关于（d），在针对出现的问题研究如何防止再次发生的方案时，必须在足够长的时间内予以观察才能确认方案是否有效。正如前文所说的，所有问题都只是冰山一角，问题的发生也大都是在偶然的情况下出现的。想要确认同样的问题有没有再次发生，就需要足够长的观察时间来进行确认。

（3）强化应急对策和防止再发生方案，防患于未然

近年来，越来越多的企业在现场对防患于未然的重视程度不断提高，即在致命的问题发生之前就予以防止。这是在原有的应急对策和防止再次发生方案基础上的进一步升级。

通常意义上的应急对策和防止再次发生方案，都是针对已经发生的问题所采取的对策。与此相对的防患于未然则是为了不让问题发生所采取的努力。前者是针对已经发生的问题，后者则是针对尚未发生的问题提前加以考虑，或许有人会认为这是完全不同的两种方法。其实并非如此，防患于未然是针对有可能发生的问题事先进行预测，并采取缜密应对措施的活动。为了对有可能发生的问题进行预测，就需要对类似的产品或服务中过去曾发生的问题进行分析，这种分析比研究防止再次发生的方案更加需要广阔的视野。

用数据说话

（1）TQM 的核心是"用数据说话"

TQM 的核心是基于以数据所显示的事实来准确定位，在此基础上进行品质质量的维持和改善。支撑维持和改善的最为重要的思路就是"用数据说话"，这一思路也被称为"基于事实的管理"。

这里所说的数据，不仅包括投诉产生的数量、时间以及投诉产生时的状态，也包括顾客的反馈记录和反应。即这里所说的数据在概念上要大大超过数字本身，包括所有的事实经过。也可以说，这里所说的数据不是头脑中想象的推断，而是实际发生的事实本身。充分认识把握发生的事实本身，在此基础上开展相应的活动，才是对"用数据说话"的最好诠释。

（2）为什么要用数据说话

采用数据的原因，一个是为了防止通过主观臆想来进行判断，另一个是为了能够客观且符合逻辑地进行判断。因为一旦通过主观臆断来判断出现问题的原因，就会导致做出不合适的判断，从而无法进行最为妥善的处理。

在这样不合适的判断的基础上，无论进行何种形式的处置，都不会得到期望的改进效果。生产现场发生的慢性不良现象，就是最明显的例子。通常情况下，发生慢性不良情况需要采取若干对策来进行改进。这种情况下，如果对不合规格产品的出现臆断为某处做得不好，或者对原因进行武断分析，即使根据臆断的原因采取处置措施，也会因为没有找到真正的原因而无法达到理想的效果。为了防止出现这种情况，就需要"用数据说话"。

接下来通过实际例子来说明如何客观且符合逻辑地进行判断。某营业部门经营着一种市场规模逐渐萎缩的产品。该部门定期将营业额制作成图表予以分析，分析结果如图 2-5（a）所

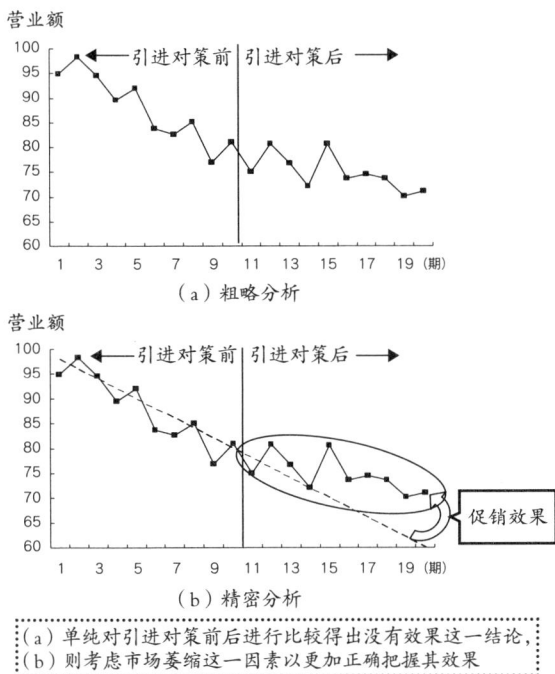

（a）单纯对引进对策前后进行比较得出没有效果这一结论，
（b）则考虑市场萎缩这一因素以更加正确把握其效果

图 2-5　用数据说话的重要性实例

示，在实行应对方案前，从第 1 期到第 10 期的营业额不断减少。因此在第 10 期结束后，为了提升营业额而采取了促销手段。当然，这一促销活动的成本也是一笔不小的数目。

开展促销活动以来，第 10 期以后的营业额如图 2-5（a）所示，仍然呈现下降趋势。到了第 20 期，就需要对开展的促销活动进行评价和考量。从表中的数据来判断，实行的促销活动是有效的呢，还是因为没有效果而中止促销活动呢?

对这一问题，很容易得出的一个结论就是在开展促销活动后，营业额仍然减少，所以促销活动没有发挥作用，应该予以中止。但是，这样的结论真的合适吗？一般情况下，这个结论可能没有什么问题，但是这里所说的商品是市场规模不断萎缩的产品。所以，评判促销活动有无效果，需要结合市场的萎缩比例，再对照这个企业的产品营业额的减少程度来进行研究。即如图 2-5（b）所示，应该结合市场的萎缩情况来评价促销活动的效果。

上述例子中，在引进对策后，营业额仍然在下降，但下降幅度跟市场萎缩情况相比明显减少。所以，虽然营业额还在减少，但是跟市场萎缩情况相比，减少的幅度也变小了。这一部分就是促销的效果。如果没有引进促销策略的话，预计营业额会像图中虚线所示的预测幅度直线下降。

如果只是简单对比引进促销策略前后的营业额，来判断促销活动成果的话，就会出现错误结果，将有效误判为无效，给企业带来损失。除了以上的例子以外，还有许多类似的状况需要对事实予以客观准确的评价。鉴于以上原因，"用数据说话"也越来越受到企业的重视。

（3）用数据说话，重点一目了然

在实践 TQM 的流程中，不能漫无目的地采取对策，而是需要有重点地针对目的开展实施。比如想提高饭店的客人满意程度，能考虑到的可改善处不计其数：室外装饰和整体气氛、内部装修、服务员的招待水平、菜品的丰富程度、可口程度等等。虽然都是提高质量的相关因素，但是需要事先找出重要因素，并有针对性地实施改进活动。

如何找出重要因素，可以参考第 3 章第 4 节中简单介绍的排列图方法，可发挥重要的作用。排列图法（Pareto Chart）以意大利经济学家 V.Pareto 命名，他曾经指出收入分布的不平均问题。关于品质问题，约瑟夫·朱兰（Juran，J.M.）博士也曾提出过类似的问题。比如，研究不良品的时候，其中不符合规格的情况也是各不相同的。因此，需要选择出重要的几个问题，重点针对这些问题来采取对策。

（4）通过运用统计手法，提高"用数据说话"的实际效果

　　用数据说话的实际运用工具中，第 3 章第 4 节中介绍的 QC7 项工具以及运用统计手法都是相当有效的。在前文的例子中，即使了解"市场萎缩"这一概念，但是如何用数据表示呢？从营业额的图表就可以看出，这些数据在一定程度上也是上下浮动的，这些浮动的幅度该如何进行估计呢？对于这些问题来说，最有效的方法就是运用统计手法。QC7 项工具和统计手法，可以对数据进行定量处理，对于上文中的营业额问题的估算，可以发挥决定性的作用。

　　在日本的 TQM 受到全世界关注的时候，各个企业都竞相加大在这些方法上的培训力度，通过对各自企业实际情况的分析，充分发挥数据的力量。但是，随着泡沫经济的崩溃，一些企业以削减支出为由，取消了这方面的培训。在之前积蓄的培训效果的支撑下，目前存在的问题还没有浮出水面，但是若干年后随着之前培训效果的弱化，相关的问题也会逐渐浮现。到那时，想从头再强化数据管理带来的效果，就会难上加难。

比如专业运动员的基础训练，如果休息一两天的话，可以当作是放松。但是如果中断几年后想再重返赛场就几乎不可能了。同样，用数据说话的能力也一样，需要保持连贯性。在泡沫经济崩溃后，在质量和品质上仍然拥有国际竞争力的企业，大都还在持续进行着统计手法的培训。这样的企业里，"用数据说话"的文化氛围已经根深蒂固。

（5）"用数据说话"是创新的第一步

用数据说话，也是迈向创新的第一步。有人可能会认为如果只重视数据的话，只会制造出跟他人一样的东西，反而对创新产生障碍。其实，这完全是一种误解。如果只是凭空想象，那根本不用参考数据，如果想创造出有价值的新事物，数据的力量是必不可少的。想要创造出全新的东西，就必须在准确把握已有事物的前提下来认真考虑。过去做出过伟大发明的人，就是在充分把握该领域里的已有发现并抓住要点的基础上才有所成就的。

如果是开发新产品或新服务，市场规模、开发成本、市场风险等信息都无法完全掌握。但是，并不是说新产品就没有任何数据。这样的情况下，就需要对之前的类似产品或服务，竞争对象的产品或服务的市场信息等数据进行细致的分析。不要因为数据少而放弃，而是要充分利用有限的数据来进行分析，在此基础上决定发展的方向，这才是走向成功的捷径。最后谈到常说的经营者的"嗅觉灵敏"，其实归根结底还是依靠专业知识来进行判断，而细致的数据分析则是确保判断更为准确的重要保证。

第 3 章

升级各个流程的方法

5S（整理、整顿、清扫、清洁、素养）

5S 是指整理、整顿、清扫、清洁、素养。之所以称为 5S，是因为这 5 个单词的日语发音用罗马字母来表述时的首字母都是 S。5S 与其说是直接与质量品质相关的活动，不如说是支撑日常工作和改善工作的基础。

假设到了生产现场，看到材料和工具放得乱七八糟，你会认为这样的企业能够生产出品质优良的产品吗？或者，对资料毫无头绪的客服中心，你会认为他们能够准确回答客户的咨询吗？

从这样的例子也可以看出，不管是在哪个行业、哪种产品的生产现场、怎样的业务形态中，5S 的实施都是不可缺少的。换句话说，5S 是企业最基本的活动，未实施 5S 的企业，不光是 TQM 无法顺利落实，恐怕其他方面的工作也不可能顺利开展。下面来分别说明 5S 各自所代表的含义。

· **整理**

是将必要的和不必要的东西明确分类，不必要的东西加以处理的活动。如果整理实施得不好，不必要的东西增加，就会浪费工作现场的空间和支出。

· **整顿**

可以马上知道什么东西放在什么位置的活动。如果整顿实施得不好，寻找工具或资料的时间必然会增加。比如在工作的时候，找不到需要的资料或数据，就是整顿没有到位的表现之一。

· **清扫**

以工作现场的洁净程度为标志，通过保持工作现场的干净整洁，来实施维持管理工作现场的基本环境。比如机器设备的清扫就是维护机器设备的基础工作。此外，桌面信息处理的工作中，保持办公桌周边干净就是维持良好的信息处理工作环境的基本功之一。

· **清洁**

不仅包括卫生方面的问题，也指上述整理、整顿和清扫的状态得以长时间维持的行动。比如工厂里的清扫，包括狭义上的清除对人体有害的各种细菌，也包括使整理、整顿和清扫随时保持良好状态。

·素养

整理、整顿、清扫、清洁的各项要求不是在被要求之后才予以实施的，而是主动进行的状态。比如整顿的基本要求之一就是"用过的东西要放回原处"。为了实现这一目的，不是因为被领导要求或者看到工作标准中写明了这样的条款，而是自己有意识地主动去做而使工作环境更好，这才是素养的标准。

标准化

TQM 的基础就是流程的标准化，这也是确保产品和服务的质量和品质没有浮动、始终保持一定水平的基本方法。无论在何种产品和服务中，流程的标准化都是 TQM 的基础。

（1）标准化的定义

标准是指在产品或生产产品流程中，关于内容和工作方法的约定俗成的东西。按照标准操作即为标准化。我们的日常生活中，实施标准化的东西非常多。比如说电压，现在的电器产品在日本国内任何地方都可以正常使用。这是因为电压实行了100 伏特的标准化。另外还有螺丝钉也都进行了标准化，只要分清到底是十字螺丝钉还是一字螺丝钉，就可以使用相应的螺丝刀来安装。

假如没有实行标准化的话，会出现什么样的情况呢？比如把家从东京搬到了大阪，如果两地电压不一样，就需要重新购买所有电器产品。另外，如果螺丝钉的形状没有标准化的话，每一次购买就得再买上一把专用螺丝刀。

像这样的标准化，不仅限于产品本身。还有决定工作方式的流程的标准化。比如在工厂就需要决定生产产品的工作方法；在宾馆就需要决定服务顾客的方法。一般这样的标准被称为工作流程表或者顾客服务手册。其实这些并不是产品或服务的标准化，而是为了提供这些产品和服务的流程的标准化。

（2）流程标准化的必要性

流程标准化的必要性源自产品和服务的质量和品质的稳定性需求。近年来，也有通过向外部展示流程，来积极满足客户需求的侧面因素。关于前者的概念如图 3-1 的特性原因图所示，明确显示了结果和原因的密切关系。

该图以镀金加工的流程为例，探讨如何使镀金的品质更加稳定。如图上方所示，镀金加工包括前期处理、镀铜处理、镀镍处理、镀金处理几个步骤。即使把这几个步骤都算作是镀金这一个步骤，此外还有清洗、镀金处理、干燥等多个步骤组成。

　　镀金的品质，会受到原材料、通电时间、镀金液的状态、清洗方法等多个因素的影响。因为能决定结果的因素太多，所以不决定各个步骤的做法的话，就会导致最终结果很难预测。也就是说，所有流程的标准化是必要的。

　　上文阐述的是关于产品的例子，服务也是同样。比如宾

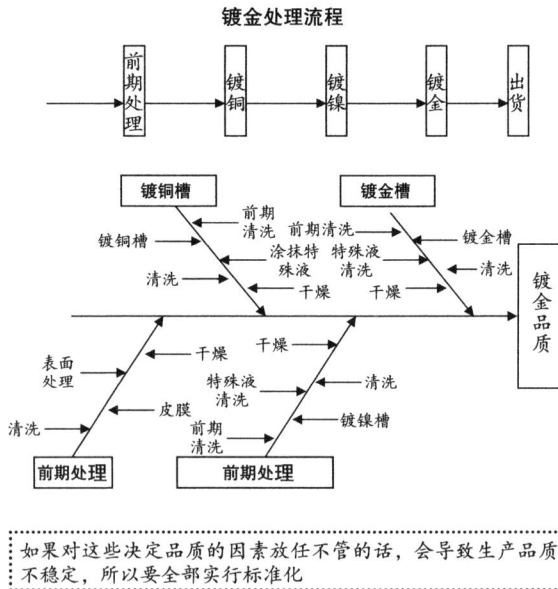

镀金处理流程

如果对这些决定品质的因素放任不管的话，会导致生产品质不稳定，所以要全部实行标准化

图 3-1　对结果产生影响的要素与流程的标准化

馆的服务，A 服务员对顾客的服务无微不至，得到顾客极高的赞赏。但是如果这样的服务没有形成标准化，只停留在 A 服务员一个人的脑子里，会怎么样呢？新员工 B 服务员就会遇到问题不知道怎么处理，结果无法为顾客提供满意的服务。为了避免出现这样的情况，就需要通过流程的标准化来获得稳定的效果。

流程的标准化还有一个效果就是可以将流程的内容展示给消费者，以这种方式主动获取消费者的认可。如"这就是我们公司的生产方法，完全可以放心"。比如有 A 和 B 两家公司，要与其中一家进行合作。A 公司说："我们公司的产品很好，请务必购买我们公司产品。"而 B 公司说："我们公司的产品很好，因为我们按照这样的流程来生产产品，按照这样的方法来进行管理。"您会觉得哪一家更有说服力呢？在宣传产品本身质量的角度来讲，A、B 两家公司是一样的，但是 B 公司在解说的时候展示了产品的内在内容，就更加有说服力。

近年来，随着网络的发展，经济环境的国际化日新月异，开展新业务的机会也越来越多。不少企业为了抓住商机，不断强化自身的标准化并积极展示给客户。第 6 章中讲到的 ISO 9001 就是通过将流程的标准化形成为公司的管理系统向外部展示，并构建了第三方认证的框架，为企业抓住更多商机做出了巨大的贡献。

（3）流程标准化的实施方法

流程标准化中，最重要的有以下三个部分：

（a）设定合适的标准

（b）通过培训和训练达到能够遵守标准的状态

（c）使遵守标准实现可持续化

首先，（a）的目的是设定一个标准，只要遵守了这个标准就可以获得良好的结果。在前边关于镀金的例子中，就是事先确认如何设定通电时间和原料可以使镀金的品质更好，然后以这样的状态下的操作方法为标准。在宾馆的例子中，使用英语接待母语为英语的客人，肯定能让客人舒服高兴。宾馆为了能够提供这样的服务，就必须通过实践以达到可以用英语会话的水平。但是，仅仅把"用英语接待讲英语的客人"写在服务手册里，是无法提供优质服务的。（c）中要求的按照流程标准生产产品、提供服务也是必不可少的。（a）和（b）是实践活动的准备阶段。

在实际操作中，经常会出现不遵守流程要求，自行处理的情况。1999年的JCO公司铀燃料加工设备发生的临界事故，原因就是明明有明确的操作标准却未按照标准进行操作。像这种有操作标准，却没有按照标准操作的情况，应该从何处着眼来推进标准化的进行呢？

着眼点有三个词，即"不知道，不会做，不做"。首先，需要按照标准进行操作的人，必须对标准的要求了然于心，这就需要通过培训对标准进行普及。不会做的情况，就好比前文提到的宾馆例子，虽然知道标准的要求，但是个人能力达不到。这就需要把标准设定为可实现的水平，或者进行培训、练习和实践。很明显这属于需要管理方来解决的问题。最后一点，会在没有将标准的重要性完全传达清楚的情况下发生。拥有可以按照标准操作的能力，却没有按照标准进行操作，大多是因为没有彻底贯彻标准的重要性。这就需要对不按照标准操作会出现什么样的后果进行充分讨论。

（4）从标准化看日美差异

关于流程标准，经常会有如下比较："美国注重程序""日本注重培训"。我36岁的时候，有一次在美国的超市买啤酒，被要求出示身份证。当然，我从来没有被人说过长着一副童颜。从这件事情可以看出，这个超市的收银员工作标准中肯定有一条是"售出酒类的时候要核查身份证确认年龄"，收银员是根据这一标准来操作的。

从这一事例中也可以看出，美国的企业倾向于将处理流程规范化、详细化，然后要求按照流程进行操作。正是因为多国籍多文化共存的这种现状，决定了美国在规定流程标准时格外详细。

相反，在日本则是将规定流程手续的标准缩到最小限度，花费更多的时间来进行培训。原因可能跟日本整体国民性一致有关。另外，最近几年开始不断走向解体的终身雇佣制框架，对此也有着不小的贡献。以餐馆为例，一般都是制作待客手册中对领位时的用语、待客以及其他方面的少数重要事项加以规定，然后在此基础上通过实践进行全方位培训。比如，培训中的一个环节就是到其他高级餐馆就餐。通过此种方法让员工自己找到自身不够完美的地方。

标准化和之后的教育培训就像是人的两条腿，缺一不可。在这两者之间，美国企业注重标准化的构筑，而日本企业更倾向于教育培训。当然，并不是所有的美国企业和日本企业都属于这种情况，也有很多企业采用更加折中的模式。

（5）标准化推进中的创造性

只要正确理解标准化的含义，切实推进标准化进程，就一定会促进企业的创造性。有时候会听到一些声音，认为标准划一的条条框框会妨碍创造性。其实并非如此，抱有这种想法的人，要么是没有理解标准化的含义，要么是标准化的推进过于形式化。所谓"创造性"，就是制作出以前所没有的新东西，不理解过去的情况，创造性也就无从谈起。将过去的做法用文字表现出来就是标准。

比如，在设计新款汽车的时候，到底设计到何种程度才算全新款式呢？即使是大幅全新改款，照样还是会沿袭过去设计的积累。也就是说，既有全新的创造，也有过去技术的沿用。全新的部分就是新的创造，而使用过去的技术可以确保速度和设计的品质。为了更好地沿用之前的技术，就需要对过去的技术进行标准化处理。

改善的步骤

　　改善的活动中，有着推进方法步骤的规律，遵守规律就可以提高改善成功率。图 3-2 显示的就是维持与改善的概念图。该图中，使质量和品质得以稳定的活动就是维持，前文所述的标准化，对维持的效果功不可没。

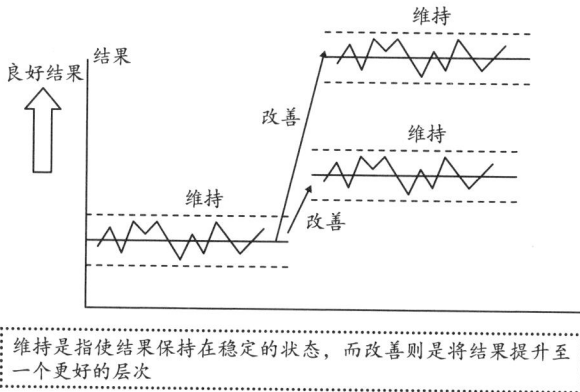

维持是指使结果保持在稳定的状态，而改善则是将结果提升至一个更好的层次

图 3-2　维持与改善

与此相对，为了对质量和品质进行改善，就需要开展活动使结果达到更好的水平。改善的步骤整理结果如下：

(1) 对改善的背景、投入资源、日程、应有状态进行整理（背景整理）

(2) 对现状进行彻底分析（现状分析）

(3) 探索问题的要因（探索要因）

(4) 根据要因探索结果确定对策（确定对策）

(5) 验证对策的效果（效果验证）

(6) 将有效对策引进生产现场（引进与管理）

本书中未对大幅度改善和小幅度改善加以区分。无论改善的程度如何，如果基本上都是按照这些步骤进行推进的话，就可以获得成功。这些步骤，还有一个名称叫作 QC 结构。在不同的书籍里，其名称在表现和用词上各有不同，但是本质上都是由以上步骤构成的。另外，在美国风靡一时的六西格玛，其中起到核心作用的就是改善的步骤 DMAIC。这里的 DMAIC 也是以 QC 结构为基础构筑而成的。以下对各个步骤的目的进行简单概括，详细情况就不在本书中赘述。

（1）背景整理

在进行改善的这一最初阶段，需明确的是改善的必要性、投入资源、日程、应有的状态等背景信息。比如考虑如何减少镀金膜厚度分布不均的问题时，就需要事先明确这一改善的必要性、厚度不均减少到何种程度、流程可以更改的最大限度、改善的截止日期到何时等各个问题。另外，改善宾馆服务的情况下，也要事先决定改善对象的范围，是改善前台的接待服务提高客人满意度，还是包括宾馆装修在内进行更大规模的全面整改。

（2）现状分析

在这一阶段，要对结果进行彻底调查，并在下一阶段中分析为何会出现这样的结果。打个不太合适的比方，就好比是抓犯人，在这一阶段就要彻底调查现场遗留下的各种线索。下一个阶段的工作就是找出可疑人物并寻找不在场证据。改善的这一阶段中的一个特征就是，将焦点放在结果上，对现状进行彻底调查的步骤与考虑结果和要因的步骤分开。比如镀金的膜厚度，就需要考虑时间因素以及不同机器种类各种情况下的结果。如果是宾馆，则需要彻底分析目前的客人满意度，确定哪里好哪里不好。

（3）探索要因

在现状分析阶段要对结果进行彻底调查。相反，在探索要因的阶段，需要对可以使结果更接近应有状态的要因进行探索。尽管如此，很多时候现状分析这一步往往会被省略，直接进入探索要因的情况。如果省略后照样能够顺利进行的话倒也无所谓，但是大多数情况下并非如此。因为想当然考虑的要因往往跟实际情况大相径庭，在想当然的基础上采取的对策也会偏离实际情况。为了防止出现这样的结果，需要在现状分析的基础上科学地考虑要因。

同样还是镀金膜厚度的例子，使用管理图等统计手法，在正确把握厚度分布的前提下来考虑问题出现的要因。另外，宾馆整改的例子中，需要根据客人的使用目的进行分析，找出影响客人满意度的要因。

（4）确定对策

探索要因的步骤之后，在此基础上确定可以使结果更加接近应有状态的对策。在这一阶段中，需要将相应行业的专业知识和统计分析进行有效结合。比如，对镀金膜厚度的分布现状认真分析，就会发现电流密度的影响是一个重要因素。为了使厚度更加平均，可以引进改进镀金槽构造的对策。另外，宾馆的改善对策中，可以提出增加商务中心的方案，以便住宿的商务人士可以像使用自己的办公室一样方便。

（5）效果验证

确定对策并将其加入流程后，就需要对其效果进行验证。比如，要验证调整电流密度对减少镀金膜厚度分布不均是否有效，就可以通过实际的数据进行确认。宾馆的商务中心，则可以进行一段时间的实验性服务，来观察客人的反应。

（6）引进与管理

在这一步骤中，将经过验证的切实有效的对策，通过培训付诸实践，导入到标准化的流程中，并持续对其进行管理。比如，减少镀金膜厚度分布不均的对策，经过验证确定有效后，就需要进行标准化，以在实际的流程中运用。宾馆服务中，为了给客人提供标准服务，需要将对策写入服务手册中去。

统计的手法

为了提高改善的效果，需要根据各种用途使用多种手法。下文选择经常运用到的手法进行简单介绍。这些手法，不仅是在日本，在其他国家也是培训的内容。这是因为，这些手法可以说是超越地域界限的有效工具。

（1）第一选择：QC7 项工具

检查表、柏拉图、直方图、控制图、因果图、散布图、层别法是品质管理中常用的手法，也叫 QC7 项工具。这些手法都是一些最基础的知识，但是效果却非常明显。按照石川馨博士的理解，95% 的现实问题都可以通过运用这些手法予以解决。

下文将对其分别进行简要介绍。

· **检查表**

检查表是为便于收集现场真实信息的总账本，其制作方法没有特别固定的格式和顺序。重点是研究如何能够准确迅速地收集需要的信息。

· **柏拉图**

柏拉图按照出现频率多少的顺序将项目进行排列，从而可以得出重点需要解决的问题。解决重点问题是 TQM 中最重要的行动指针，柏拉图是有助于实现这一目的的最有利工具。

比如在某个宾馆，将未能满足客人要求的次数和地点总结成柏拉图后如图 3-3 所示。从这一图中可以看出，无法满足客人要求的地方大多出现在礼宾部和商务中心，这两个地方基本上占到了全部问题的 70% 以上。所以，按照解决重点问题的原则，需要首先来考虑礼宾部和商务中心的应对方案。

· **直方图**

直方图是将量化数据分成若干个区间，对区间内的出现次数加以整理而成的图标。直方图以连续量的数据为基础，可以从中找出数据连续出现的情况，有助于提高流程把控能力，解决问题。图 3-4 为镀金膜厚度的直方图。

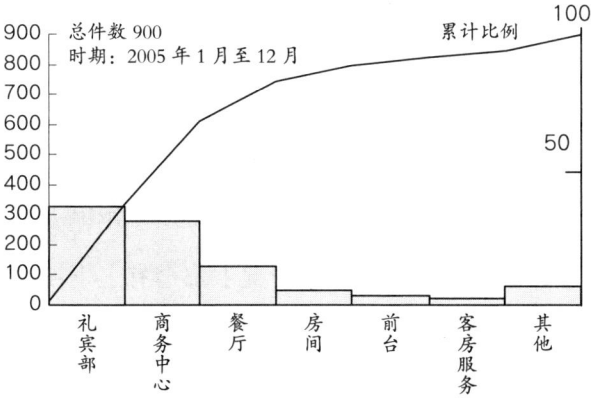

柏拉图有助于从多个项目中确定工作的重点

图3-3　客人投诉示例图

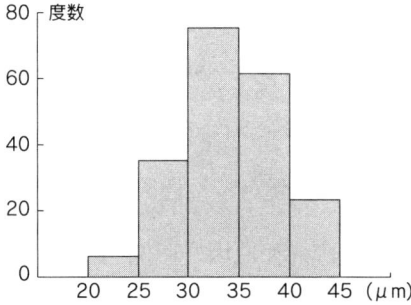

直方图是用来表示定量数据分布状况的有效工具

图3-4　镀金膜厚度的直方图

·控制图

品质管理的鼻祖，一般被认为是源于 20 世纪 20 年代修哈特提出的控制图。控制图就如同图 1-6，在时间系列的图表中加入了中心线、上方管理极限值和下方管理极限值。

流程的输出数据中，通常情况下都会有上下波动。最为关键的问题是如何判断哪些部分是因为偶然因素出现的上下波动，哪些是因为流程变化而出现的上下波动。控制图对于这样的判断非常有效。如果在管理极限值之外出现了分布的点，就可以断定流程中出现了异常。另外，管理极限值是按照以数学理论为背景的三西格玛法设计而成的。

·因果图

因果图是从结构上对结果的特性和对结果能够产生影响的各个因素之间关系加以整理而成的图。图 3-1 就是将镀金处理流程中的因果关系与标准化概念统一而成的。因果图就是像图 3-1 一样，从不同流程着眼对特性原因加以整理。通过这样的表现方法，有助于共享特性和原因之间的因果关系以及探索原因。

·散布图

散布图是通过将两个一组的参数来从视觉上加以表现的图。比如在调查顾客满意度的时候，用于研究客房满意度和宾馆整体满意度调查问卷和回答之间的关系。从这个调查结果可以看出，对客房表现出较高满意度的客人，对宾馆整体的满意度也比较高。此外甚至可能得出完全没有关系的信息。因此，散布图是研究因果关系的有力工具。

· **层别法**

层别法就是将收集的数据按照属性的标准加以区分、解析，并找出其中倾向性的技巧。比如在调查顾客满意度的时候，就可以以顾客的利用目的为基础，对散布图加以层别。通

表 3-1　新 QC7 项道具概要

No.	名称	目的
1	亲和图法	从大量的语言信息中，根据相似性进行分层整理
2	关联图法	将原因与结果、目的和手段之间的关系加以整理，以图标的形式表现出来，可以使构造更加一目了然
3	系统图法	基于问题的着眼点，将可能出现的分支以图标的形式进行表现
4	矩阵图法	将问题的现象和各个要素通过矩阵的行和列对应分布来表现其中对应关系
5	PDPC 法	为了更好预测今后的行动，对设定后的事态和应对方案进行表现
6	箭头图法	以箭头的形式对活动各项因素的前后关系与日程加以表现
7	矩阵数据解析法	通过使用结果的指标数据减少为少数指标

新 QC7 项道具主要用于处理语言信息，根据信息种类的不同可与 QC7 项工具并用

83

过层别法，无法看到顾客对商务中心与宾馆整体的满意度之间的关系，但是可以将顾客的利用目的区分为"商务目的"和"其他目的"，从而看出以商务为目的的顾客对商务中心与对宾馆整体的满意度之间的关系。

（2）对问题进行定性整理的手法：新 QC7 项道具

QC7 项工具是用于处理定量的数据，如果涉及处理定性的数据，表 3-1 中的新 QC7 项道具会发挥相当大的作用。从该表中可以看出，其中包含了以相似性为依据对语言信息等定性数据进行整理的手法。从"新 QC7 项工具"这个名称来看，可能给人的印象是，前文讲述的 QC7 项道具是陈旧的，而新 QC7 项道具是全新的，其功能也更加优秀。其实这是一种误解，新QC7 项道具是根据数据的种类加以补充运用的。

（3）有助于从逻辑上进行决定的统计手法

以数值化的信息为基础，使用统计手法进行维持和改善，是 TQM 的核心。这些手法大致可以分为两类，即对已收集信息进行分析的手法和制定收集何种信息的计划。在设计这一上游阶段，主要课题就是通过实验计划法来能动地改变条件，找出更加合适的设计方案。

近年来，在企划阶段，通常都是预先设想出若干个企划案，对企划案的评价数据进行分析，找出最合适的企划提案。这样的话，在企划阶段也可以充分发挥统计手法的功能。此外，对已有的数据进行分析的方法，最为典型的就是用于产品的不良品问题以及市场分析。接下来对其中最有代表性的统计手法进行简要介绍。

· 基本统计量

基本统计量是指在有多个数值信息时，从特定的角度对其加以整理。其中最为常见的"平均值"就是指长度、重量等需要表现的数值为多个时，从多个数值的中间量视点加以整理的数据。此外还有"标准偏差"，则是从数值的上下浮动视角来考量的。

报纸上经常出现"平均〇〇"，平均值是日常生活中经常用到的。计算过程也非常容易理解，就是用数值的总和除以数值的个数。另一方面，标准偏差是用于表现上下波动的统计量。偏差是指数值的中间值与各个数据之间的值的差；标准与标准尺寸的意思相同，是指平均数值。标准偏差则是指偏差的值平均大小。

将上下波动的数值用定量的形式表现出来就是标准偏差，通过正态分布这一数学原理，使平均 ± 标准偏差值之间包含约70%的数值，平均 ±2 倍标准偏差值之间包含约95%的数值，平均 ±3 倍标准偏差之间包含接近全部即99.7%的数值。

偏差值，是指相对平均值的偏差数值，是日本人对于学生智能、学力的一项计算公式值。对原有的数据进行变化，以使平均值为50，标准偏差为10。因此，按照正态分布的原则，偏差值40~60之间包含的数值约占全部的70%，30~70之间包含的数值约占全部的95%，20~80之间包含的数值约占全部的99.7%。

体检的时候，也会设定一个正常范围的值，在这一范围内说明身体没有问题。这个数值设定一般是以多个身体健康的人的检查项目数值为基础，计算出平均 ±2 倍标准偏差区间的值为标准。因此，正常人中大约95%的检查结果都会在这一区间内。

· 工程能力指数

根据产品特性的上下规格极限值和标准偏差，可以计算出工程能力指数。这一指数是用商品规格的范围除以 6 倍的标准偏差 ×6，来评价跟规格范围相比上下浮动范围的大小。这一指数达到 1.33 以上，说明上下浮动的范围非常小；如果达到 1.0 以上，可以判断上下浮动基本达标。但是，如果工程能力指数小于 0.5，则说明上下浮动范围过大，需要对工作流程加以改善。

·检定、推定

检定和推定是指从例如 10 个左右、数量较少的数据中，利用数学统计的原理推导出数据源处于何种状态的方法。检定是调查事先的假设是否成立，推定是调查对象处于何种范围之内。多用于基于较少的顾客评价来判断对策效果的情况。

·相关分析

相关分析法是将两个成对的数值，通过相关系数等方式探索其关系的手法。相关系数是将关系用介于负数 1 到正数 1 之间的数值来表示的，相关系数为正数 1 的时候，可以表现为递增的直线，而负数 1 的情况下则表现为递减的直线。

·回归分析

回归分析是指，针对表示结果的目的变数及与其相关的说明变数，在已收集的数据基础上调查这类关系的方法。具体表现是，将目的变数和说明变数的关系，用较为简单的方程式呈现出来。比如说，从原料浓度预测产品浓度，或者计算出为了使产品浓度达到某一程度，原料浓度应调至的数值。

· 实验计划法

实验计划法指的是，有计划地收集与对象相关的数据，通过对其进行统计解析，有效寻求更理想条件的方法。实验计划法如表3–2所示，包括了作为基本方法的要因计划（多元配

表3–2　可有效从数据得出结论的实验计划法

方法	内容
要因计划（多元配置）	是实验计划法的基础，将所有能考虑到的条件进行排列组合，针对整体开展实验。与可精密调查结果相对的是，实验次数将会增多
一部实施法	通过将条件排列组合的一部分进行实施后减少实验次数。直交表等是有效的办法
分组实验设计	实验场所难以管理且不均一的情况时，为了克服这些困难而引入分组形式开展实验
分割实验	条件变更较困难的因子或在上一个工程中批量处理等情况时有效开展实验的方法
响应曲面法	以温度、长度、重量等连续量的因子为对象，寻求高效率条件的方法
田口品质工学	针对使用环境更换而寻求稳健条件的方法
最合适计划	以统计示范为基础，有效计划实验并寻求经济性条件的方法

有效利用实验计划法，可使改善和研发的效率得到飞跃性的提高。此外，在企划阶段也可以进行广泛运用

置）、旨在提高实验效率的一部实施法，以及提取连续性因子的响应曲面法、田口品质工学等内容。如果能将实验计算法等统计手法运用自如，那么改善、研究开发、产品企划等就会效果倍增。

·多变量解析

多变量解析是，根据目的将大量数据进行解析而来的方法论的集合。多变量解析，适用于顾客满意度数据的解析和产品设计、制造等广泛阶段。比如说探究酒店的满足要素时，包含了类似于收集顾客心声或其他不同性质的内容。如果采用多变量解析的一个手法，即主成分分析的话，就能够进行分类。这类方法对那些把无头绪的情况从数据开始整理、构建假设情况等很有帮助。

（4）讨论对策，以便于防患于未然的手法

在改善的过程中，如果在一定程度上制定好了应对方案，那么将方案导入到流程中的工作就显得非常重要。在这一过程中需要对导入之后有可能出现的问题进行预测，常用于可靠性分析领域的 FMEA 和 FTA 就非常有效。

FMEA（Failure Mode and Effect Analysis）是指故障模式影响分析，用于分析系统的某一元素出现故障时带来的影响。应对方案或系统方案完成时，事先对其中的问题进行评价，有助于将问题防患于未然。

FTA（Fault Tree Analysis）即故障树分析，是将故障作为分析对象，向下按照树的形状对故障的构造加以表现，用以分析在什么样的条件下会出现故障。FMEA 是自下而上进行分析，而 FTA 则是自上而下进行展开。

此外还有防呆化（Fool Proof），是指在流程中预先设定好的操作失误时，自动发展成正确结果的设计方法。Fool 是指低级错误，Proof 是防止的意思。人在工作的时候，一定会有出现错误的可能性。减少出错概率可以通过平常的培训来实现，但是并不能百分百防止，这种情况下需要考虑如何实现防呆化。在防呆化的实践中，最为有效的方法就是削减工作步骤。如果该步骤无法削减，则尽量让机器来代替人工操作。如果是难以导入机器的步骤，则尽量简化操作程序。这一原则也被称为"排除""代替""简化"。

第 4 章

提高企业整体水平的方法

综合推进的要点

有组织地推进 TQM 的要点如下：

· 单个流程中的维持与改善（QC 小组、项目团队）

· 使改善沿着公司的同一方向进行的框架（方针管理）

· 切实维持日常业务的框架（日常管理）

· 整合各个部门间的活动（职能分类管理）

· 公司检查是否按照既定方向进行活动（高层诊断）

其中（）中的内容是 TQM 中常用的方法。接下来会对其进行详细说明。

QC 小组与项目团队

（1）QC 小组和项目团队的作用

　　QC 小组和项目团队的建立目的是分别在各个现场维持流程，对流程进行改善，以达到更高的目标。为了维持或改善流程的标准化，单靠个人能力是非常有限的。因此需要以流程为单位，由多位成员集体来进行实践。QC 小组和项目团队都是由若干位成员构成，在维持和改善产品质量和服务品质方面的作用是相同的。但是，在目标和历史沿革方面又有不同之处，下文将进行说明。

（2）什么是 QC 小组

QC 小组出现于二战后经济发展的中期，是日本固有的小团队活动。这里的 QC 是质量控制（Quality Control）的意思，在 QC 小组出现的时代，品质管理还被普遍称为 QC，所以使用了 QC 小组这个名称。QC 小组是指在同一个工作现场的成员，主动解决自己工作现场所遇到的问题，通过工作来实现人生的意义，提高自己的工作热情和能力。在日本经济发展中，发挥了最重要作用的就是制造业，为生产一线员工培养出新能力提供了很好的机会。另外，从经营者的立场来看，其中也有提高产品质量和服务品质的一方面，同时也可以看出对这些成员成长的重视程度。

关于 QC 小组重视成员成长的说法，石川馨博士在 QC 小组活动中使用的因果分析的说明可以被看作是最好的注解。因果图在第 3 章第 4 节中做过介绍，从结构上对结果和原因之间的关系进行整理。石川博士认为，制作因果图的目的是为了强化现场教育。制作因果图的时候，在小组内集思广益，讨论问题的结构。无论是老手还是新人，通过集体讨论将每个人拥有的知识片段集中到因果图中，所有成员通过这样的一个过程来学习其中的流程。

随着产业构造和培训体系的变化，近年来 QC 小组的数量呈下降趋势，但是 QC 小组的工作内容却被保留下来。另一方面，随着合同工的增加，持续培训的必要性也越发凸显，QC 小组的培训功能今后可能会被重新认识。

（3）什么是项目团队

项目团队是为解决特定的问题而组成的小组。这样的小组的名称，在不同企业内部的名称也各不相同。QC 小组是用来解决与现场息息相关的问题，而项目团队的规模更大，横跨多部门。从组织形态上来看，有的是以日常的组织为基础组建小组，有的是脱离日常的组织，组建横跨多部门的团队。

改善的推进需要以统计手法的知识为基础，因此就要求项目团队的核心成员有着高度的统计手法教育素养，其他发挥辅助作用的成员也有基本的统计知识。基本的统计手法，除前文介绍的 QC7 项工具外，还有改善的步骤等内容。团队的核心成员除上述基本统计手法外还需要掌握试验计划法、多变量分析等知识。

以日常组织为基础组成的小组与在日常组织之外成立的小组，在推进改善活动时都有着各自的优点和不足之处。以日常组织为基础的情况下，更容易得到全体现场人员的参与意识，也更容易渗透到日常管理的框架之中。而相应地，因会受到日常工作的约束，难以实现大胆的改善。

脱离日常组织进行改善的情况下，与前边的情况相反，更有可能实现大胆的改善，但因为形式上与日常的业务脱节，所以很多时候有无法融入到日常业务中的风险。

以上内容的概要整理后即为表4-1。在实际操作中，最为关键的就是在考虑两者之间平衡的基础上予以推进。此外，日本多是以日常组织为基础来推进改善，而欧美则多以脱离日常

表4-1 改善小组不同组织构成的优点和不足

	优点	不足
以日常组织为基础	容易进行与日常管理紧密相关的改善	受制于现有系统，难以实现大胆的改善
脱离日常组织	易于进行改变体系等大胆的改善	难以进行日常管理中的改善活动

以日常组织为基础，还是脱离日常组织，各自都有自己的优点和不足

组织构筑的小组来推进改善。

（4）改善提案制度

为促进 QC 小组和项目团队的活动，有的公司还引进了改善提案制度。即在某一时间段内，由所有员工提出针对自己工作方面的改善提案。为了鼓励踊跃提案，有的公司还会实施类似奖金制度的形式。这都是以公司形式推进 TQM 的核心，即改善活动的框架。

方针管理

（1）什么是方针管理

方针管理是指为了实现由公司领导层基于公司理念和远景确定的品质方针，将其作为中长期目标加以开展或者在部门层级上予以短期的开展，以迅速达到目标的一系列活动。这里所说的品质方针是指公司的发展方向。说得更直接一点，所谓的方针管理就是全体人员团结一致，向着公司决定的发展方向前进的各种活动。将其模式整理后即为图4-1。

单个的箭头表示各个部门的活动和改善的方向。如图4-1（a）所示，各个部门的改善方向不统一，作为公司整体就不会朝着有效的改善方向发展。为了使公司整体更加有效，需要统

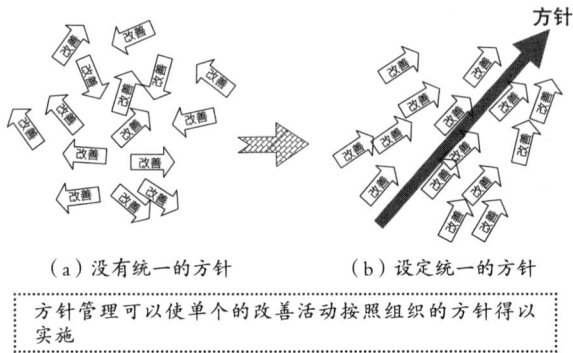

（a）没有统一的方针　　　（b）设定统一的方针

方针管理可以使单个的改善活动按照组织的方针得以实施

图 4-1　方针管理的作用

一各个向量的活动，方针管理的目的即在于此。

　　比如某公司提出了以有益环境和社会的高品质来满足顾客的方针，除了基于技术动向、经济环境等因素制定中长期目标外，还需要以此为目标制定短期目标。各个部门也还要根据以上目标来决定各自需要开展的活动。

（2）开展方针的实例

　　某汽车零部件生产企业，在研究理念和战略后，制定了降低 20% 成本的目标。为了实现这一目标，各项活动的开展过程如图 4-2 所示。

　　在这一图例中，为了实现降低 20% 成本的目标，企划部

降低 20% 成本

```
├─ 企划：节省资源的产品

├─ 开发：开发轻型      ┌─ 减轻 10% 重量
│  新原料             └─ 增加强度

├─ 设计：减少零件
│  数量

├─ 生产：确定生产     ┌─ 成品率提高 10%
│  技术              └─ 返工率降低 15%

└─ 流通：通过信息
   共享减少手续
```

> 将降低成本这一目标，落实到各个部门，各个部门
> 内部再对部门的目标进行细化

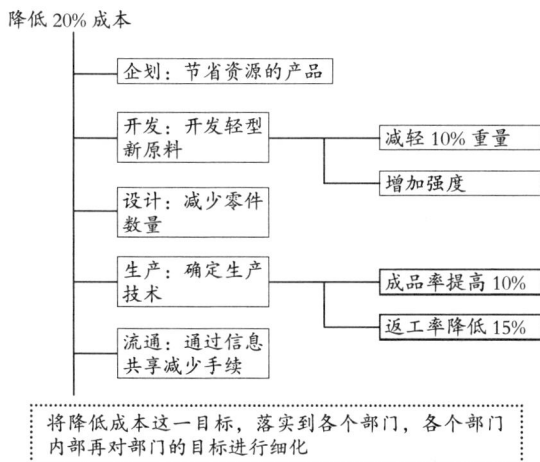

图 4-2　方针管理的作用

门提出了不使用材料的节省资源产品提案。开发部门找到了轻型新材料来降低成本，实现减重 10% 并提高产品强度的目标。在人们通常的观念里，越重的东西一般强度会越大，开发部门的工作就是挑战这个违反二律背反定律的命题。

这样，各个部门在与上层方针一致的前提下，在部门内部设定自己的方针，并努力找到实现方针的方法对策。在制定公司方针的时候，也需要领导层与各个部门的负责人充分考虑部门的能力再予以决定，而不能由领导层一厢情愿地来随意决定。

在落实方针管理的时候，不仅要将公司级别的方针细化为

各个部门的目标，还要切实落实 PDCA 的各个环节。也就是，制定方针和落实到各个部门的目标就相当于计划（P）；然后按照计划予以实施（D），这与后述的日常管理也有着密切关系，按照先前指定的方针政策来进行活动；在检查（C）中，则是来确认是否达到了方针管理决定的目标。这一步既可以在部门层面来实施，也可以作为领导层的课题。领导层具体参与到何种程度，由企业根据自身情况决定。但是其中关键的地方是由领导层亲自来进行检查。

对实施结果予以研究，在此基础上进行处置（A）。具体来讲就是明确哪些部分达到了目标，哪些部分没有达到目标。达到目标的部分，要分析原因并考虑今后能否继续保持；没有达到目标的部分，要彻底分析未能达标的原因，是因为目标过高还是应对措施不合理，或者还是因为没有按照制定好的措施来予以实施。从诸多可能性中找出真实原因，然后再按照原因对方针管理体系进行修正。如果是设定的目标过高，可以根据过去的数据对目标重新进行设定。再次按照新方案实施的结果仍不见效的话，就需要对方案本身进行重新考虑。重新从方针展开到方案确定，然后再次予以实施。

（3）方针管理的要点

最后来整理关于方针管理的要点，方针管理由最重要的两点构成，即"从理念到方针、将方针落实到公司各个部门""切实有效实行 PDCA"。这两点听起来不难，实际操作也是如此。但是，不管是 TQM 还是其他的经营管理方式，都不是什么魔法，都是需要把一些简单的东西切切实实予以落实的结构，这样的活动就是方针管理。

方针管理的框架并不仅限于质量和品质层面，它还可以被用于保护环境、降低成本，也是用于调整公司整体活动方向的有力工具。因此，在方针管理中，会涉及对环境和社会的贡献、降低成本等各种课题。

方针管理是用来不断改善现有操作方法的框架，从这个意义上来看，可以称其为动态管理方法。对于企业来说，不仅需要动态管理方法，还需要维持日常操作方法的静态管理，这就需要日常管理这个有力工具。

日常管理

（1）什么是日常管理

　　日常管理是为确保企业平常所应做的工作切实得到实行的管理活动。平常有没有因为本该理所当然做好的事情却没有做而感到头疼？日常管理的作用就在于确保按照流程得以实施，避免出现这样的情况。前文讲述的方针管理，是使现状向着良好方向发展的动态管理，而日常管理则是将目标确定后，确保得以实施的静态管理。因为日常管理的目的在于让各个部门切实实施本该完成的工作，所以这一活动要按照不同部门来予以实施。

　　日常管理是维持良好状态的方法。方针管理的课题多是

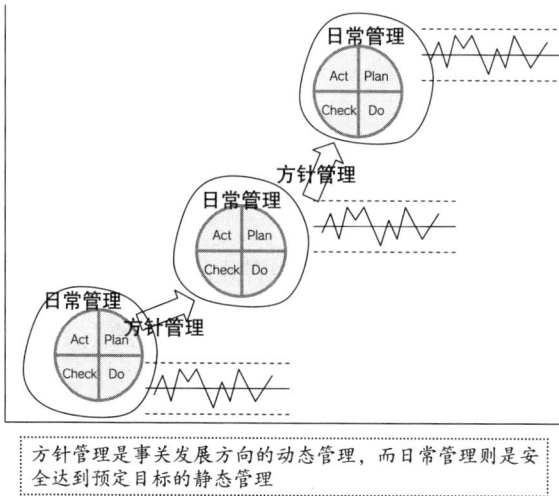

方针管理是事关发展方向的动态管理，而日常管理则是安全达到预定目标的静态管理

图4-3　方针管理与日常管理

为了使状态变成更好的结果，如改善、满意度提高等；日常管理则是为了使良好的状态得以维持的框架。各自概要总结如图4-3所示。比如某宾馆把提升客人满意度作为方针管理的课题，采取了一系列有效措施，如前台应对方案、与顾客的联系方法等。今后为了使这些有效的应对方案标准化，并使这样的状态得以维持的活动就是日常管理。日常管理的对象不仅包括质量和品质，还可以涵盖多个领域的不同对象。

（2）推进方法的要点

导入日常管理后，为了维持有效的框架，有几个需要注意的要点。下文从若干要点中总结出四个重要的点加以说明。

·实践 PDCA

在导入日常管理后，为了维持长期有效的框架结构，需要按照 PDCA 的原则来考虑管理的框架。比如，对宾馆的服务进行改善后的情况下，为了达到维持改善后的状态这一目的，就需要进行包含教育在内的计划（P）、在此基础上实施（D），在检查（C）的步骤中探讨顾客的满意度是否达到了目标水平，并在必要的情况下进行处置（A）。

·日常管理的基本原则是标准化

日常管理的基本原则就是标准化。从公司层面上来充分明确要实践的内容，为了确保按照明确规定的内容予以实践，其中的基本原则就是贯彻标准化。如果日常管理进行得不够顺利，就需要考虑标准是否合理，或者是否严格按照标准执行，并加以处置。

·充分监控流程和结果进行管理

在考虑日常管理是否合理的时候，重要的一点就是按照图4-4所示，来监控输入、流程和结果是否处于良好的管理状态。在改善宾馆服务的例子中，结果就是顾客满意度的水平。因此就需要通过顾客满意度调查结果来对结果进行监控。结果的指标被称为管理项目。

仅对结果进行监控还是远远不够的，还需要对决定顾客满意度的重要因素等输入项目进行监控。如前台能用英语接待客人的工作人员的数量，就是国际应对流程中的一个指标。此类因素也被称为管理项目或检查项目，对此类重点流程也需要进行管理。

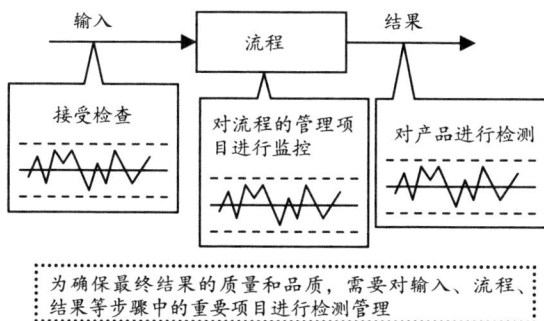

图4-4　着眼点放于输入、流程和结果上

·防止形式化

不仅限于日常管理的领域，有很多理所当然应该规范操作的项目，很多时候被误认为应该已经得到了执行，即有陷入形式化的倾向。为了防止这样的形式化，需要制定种种应对措施。比如在高层讨论中作为定期的议题进行探讨。美国的公司组织中，通过取消内容并无太大变化、只是改变名称的活动，来减小流于形式化的风险。

职能分类管理

（1）职能分类管理的目的

职能分类管理是指为了消除企划、研发、设计、生产、经营、流通等各个部门之间的壁垒，以质量品质、成本、产量等功能为中心进行横跨部门的管理实践活动。因其实际活动状态，又被称为跨职能管理。这里所说的职能，就是指质量品质、成本、产量等。

大家也都知道，消除部门之间壁垒的必要性。但是，想做到这一点却是非常不容易的。最为典型的例子就是"设计部门的人说产品卖不出去是因为策划得不好，而企划部门说是因为设计太烂"，或者"设计部门的人说因为生产部门能力差，生产部门的人说是因为设计不周才会出现不合规格的产品"。类似这种部门之间意见不一的例子，简直不胜枚举。

因此，我们需要设定一个横跨各个部门的命题，在此基础上进行管理。图 4-5 为职能分类管理的概念图。企划、研发、设计、生产、销售、流通等部门内部，其日常管理基本是竖向关系的活动。与此相对的是质量品质、成本、产量等活动，则用横向来进行表示。设定了这样横跨部门的活动，就可以消除部门之间的壁垒，信息交流也会更加顺畅。

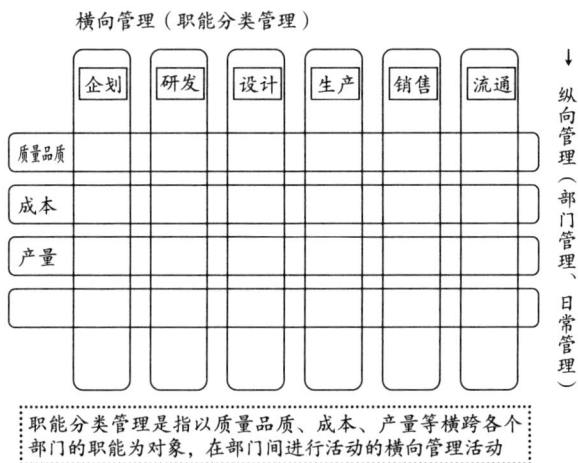

图 4-5　职能分类管理是横跨各个部门的活动

110

（2）实际活动的开展

在职能分类管理的实践中，需要设立以质量品质、成本、产量为中心的委员会，委员会的成员由企划、研发、设计、生产等各个部门的人员构成。在各个委员会中，从各自部门的立场出发，对企业方针的开展提出意见进行讨论。新产品线的设立和新生产设备的引进，任何大规模的项目都不是特定的某个部门就可以完成的。所以需要成立横跨各个部门的组织，来推动项目的开展。

（3）职能分类管理的要点

第一个要点就是横跨部门的组织构成。横跨部门的委员会或小组既可以以日常的组织结构为基础采用兼任的形式来组建，也可以完全脱离日常组织，作为特别项目小组来组建。各自的优缺点可参照表4-1。

以日常组织为基础构建的组织，可以更深程度上反映各个部门的意见，更易于实现既定的目标。但是，由于对所属部门的归属感，在涉及大胆的改革时，难免出现态度不明朗的情况。另一方面，脱离日常组织组建的小组，可以期待大刀阔斧的改革，但是这能否与设立这样部门的初衷，即"提高各部门的意识，进行跨越部门壁垒的活动"这一目的一致，能否顺利发挥功效也不甚明了。在构建跨越部门的项目小组时，需要充分考虑以上因素。

第二个要点就是功能的实践要在各个部门予以实施。智能分类管理中决定的各个事项，实际实施单位就是各个部门。换句话说，各个部门必须充分认识到自己才是活动的主体，否则职能分类的活动是无法顺利开展的。

第三个要点就是质量品质、成本、产量等各个职能之间的调整。因为有时会出现各个职能过于强调自身重要性，因互不相让而导致团队无法正常运作的状况。这种情况下就需要与方针管理挂钩，明确对于企业来说最为重要的是让质量、品质、成本、产量之间达到何种程度的平衡。

高层诊断

（1）高层诊断的目的

高层诊断是指企业高层亲赴现场，对质量品质、成本、产量等是否按照企业整体的方针得以切实执行进行综合性诊断的手法。在企业中，高层的作用有很多，如决定企业发展的方向、决定企业作为整体的主张、确立可以使企业按照既定方向发展的框架、对结果进行检查等等。

企业的高层，在拥有极大权限的同时也担负各种各样的责任。但是，不管在企业中是否位居高层，一天只有 24 小时这一点是不会变化的。所以，高层就需要判断，在自己决定的方针下，将重点放在企业运营的哪些部分，而哪些活动该委任给部下。

高层首先要发挥的一个作用就是决定企业的发展方向，然后对重要事项进行再三考量。也许有人认为，只要决定了发展方向，剩下的事情交给实际操作的部门就可以了。但是，企业的运转不是这么简单的事情。因此，高层在进行诊断的时候，需要亲赴现场对以下事项进行确认。

高层诊断的内涵从广义上来看包括以下几项：

· 亲眼观察掌握各个部门的实际状态，决定今后的方向
· 感受会议报告中无法感受到的事情
· 拉近现场和高层的距离，提高企业的公开透明性
· 以亲身体验到的信息为参考，作为今后制定方针时的基础资料

总结以上几点可以发现，高层行动的着眼点并不是找出问题，而是通过显示一种姿态，促使企业团结一致，推动各项活动的发展。

在这一节中，并没有出现质量品质这个词语。高层诊断本

身并不属于 TQM 固有的内容，但它是 TQM 中也会被运用到的重要活动。不过，高层诊断的项目中包含了与质量品质相关的内容，这一点从 TQM 的角度来看是非常重要的。

（2）高层诊断的要点

高层诊断的要点有很多，从 TQM 角度来看主要有以下两点：

· 结合方针管理进行实施

· 对流程进行监控

方针管理中决定的重要事项没有得到切实的实践，以及实际运用的流程是否可行都需要加以斟酌。当然，还有重要的一点就是避免使这些诊断流于形式。

（3）诊断事项

高层诊断所涉及的都是企业的重要事项，或者应当予以实施的事项。重要事项包括：

·决定企业命运的项目进展情况

·方针管理的运营情况

特别是从与方针管理的整合性角度来看，还需要考虑以下几个问题：

·企业优先方针与部门方针的整合性

·方针内容是否合适，以及与上一年度实施事项的整合性

·实践能力与结果

此外，还有以下几个项目也是诊断的考虑范围：

· 改善的推进能力

· 教育训练计划与实施情况

· 流程异常与事故的发生情况

· 标准的改定与废除、工作的改善情况

· 改善提案数量与 QC 小组的实施状况

以上列举的是检查项目，其他一些高层认为重要的事项也应向下予以传达。

第 5 章

各阶段的 TQM 要点

品质保障体系的确立

（1）什么是品质保障体系

为了确保 TQM 在企业整体得以有效推进，需要明确各个部门在质量品质方面应该实施的职责（P），在此基础上予以实施（D），然后检查实施进展是否合理（C），然后再进行系统的处置。截至产品和服务提供环节，最为常见的流程如图 5-1 所示，需要经过企划、研发、设计、生产准备、采购管理、生产、销售和流通等各个环节。在每一个环节，TQM 的开展都很重要。

在服务行业，与生产准备相对应的就是培训，尽管名称多少有些差异，但基本流程与 5-1 相同。另外，企划和研发

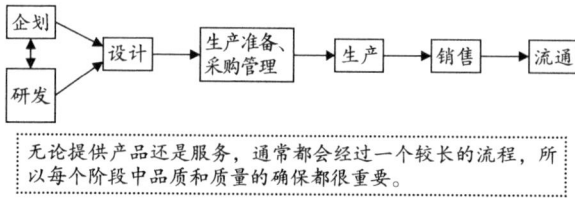

```
┌────┐
│企划 │──┐
└────┘  │   ┌────┐   ┌──────────┐   ┌────┐   ┌────┐   ┌────┐
        ├──►│设计 │──►│生产准备、  │──►│生产 │──►│销售 │──►│流通 │
┌────┐  │   └────┘   │采购管理    │   └────┘   └────┘   └────┘
│研  │──┘            └──────────┘
│发  │
└────┘
```

> 无论提供产品还是服务，通常都会经过一个较长的流程，所以每个阶段中品质和质量的确保都很重要。

图 5-1　方针管理的作用

的顺序关系也会因企业不同而形式各异，但是基本流程也与图 5-1 没有差别。这一系列的流程中，各部门按照企业方针明确划分各自的职责来实现提供更高质量的产品和更高品质服务的目的。

（2）品质保障体系的确立

从整体上统筹各自流程的职责时，通常会用到品质保证体系图，概要如图 5-2 所示。名称可能会有不同，但是在考虑如何提高质量和品质的企业，都会以实体的形式来构建这样的框架。在被人问到"质量品质保证的框架是如何构成的"这样的问题时，最直接的回答就是把这个品质保证体系图给对方看。

在图 5-2 中，纵坐标是 PDCA，横坐标是各个部门。另外，为了明确高层的职责，有的品质保证体系图中还会包含管理层或经营企划室的部分。

企划、研发、设计、生产准备、采购管理是为了生产进行

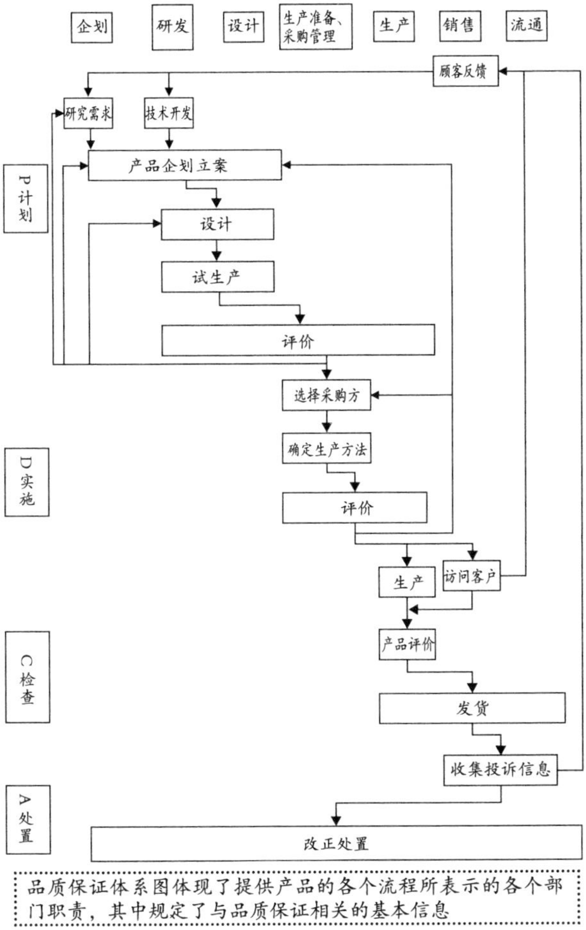

品质保证体系图体现了提供产品的各个流程所表示的各个部门职责，其中规定了与品质保证相关的基本信息

图5-2　方针管理的作用

的计划（P）阶段；接下来进行生产、实际开展营业活动并让产品进入流通环节，这就是实施（D）的阶段；检查（C）既可以是自我评价和客户评价，也可以委托第三方进行评价。此外，从经营者实施检查的角度来看，也可以进行高层诊断。从企业角度来看，这也是判断是否按照品质方针进行行动的手段，最后再根据检查结果，进行修正（A）。

企业整体的PDCA，还可以细分为各个部门内的PDCA。比如仅从生产阶段来看，就需要计划（P）如何生产、生产多少数量的产品，然后按照计划进行生产（D），之后再对生产的结果进行评价（C），如果有必要的话，再根据评价结果进行改善（A）。

（3）面向流程提速

在产品和服务的竞争日益激烈的当前社会，前文所述的企划、研发等一系列流程的提速成了企业的课题之一，流程提速的方案有两个：

（a）提高单个流程的速度

（b）同时开展几个流程的工作

（a）方案的关键就是标准化。比如设计工作中，准确区分新的设计部分和沿用以前设计的部分，通过沿用之前的标准化设计，可以提高流程的速度。（b）方案中，事先预测同时开展几个流程情况下可能出现的问题点，尽可能在工作的前期将这些问题一一解决。为此，后文介绍的"设计审查"是一个有效的手段。

研发、企划阶段

（1）研发、企划阶段的要点

研发与企划阶段中，TQM 的要点就是结合企业的方针，探索如何给顾客提供更高水平的产品和服务，以及切实提供上述产品和服务的技术开发。换句话说，这些流程输出的是产品企划方案和技术能力，其评判标准就是能否满足客户的要求，以及是否符合企业的方针。

研发和企划要根据时间和场合来予以考量。先有客户的要求出现，为了满足客户要求进行研发的情况属于需求导向；与此相反，拥有基础技术能力，将其商品化的情况属于种子导向。我们不能简单地评判哪种导向更好，因为无论是哪种导向，重要的都是既要迎合顾客的要求，又要顾及产品和服务的可实现性。如果一味迎合顾客的要求，会出现研究长生不老药的企划；相反只考虑技术因素的话，又有导致研发部门独断专权之虞，在实践中要考虑双方的平衡。

（2）探索客户要求的关键

在企划阶段，最为重要的活动就是（a）与开发部门共享顾客的要求，同时（b）细致掌握顾客要求的变化。在（a）活动中，最为关键之处就是开发部门和企划部门要通力合作、避免各自为政。（b）中各课题的探索，要求充分发挥企业的市场职能。

（b）为了充分细致掌握顾客要求的变化，需要不仅探索顾客的表层需求，还需要对顾客的潜在需求进行探索并予以系统整理。探索顾客需求的方法有假想产品调查、集体讨论、问卷调查等形式。

通常情况下，顾客的反馈都很不明确。比如 A、B 二人对同一款车的评价都是"这是一部好车"，但是他们所说的内容并不一定相同。再以宾馆前台的服务为例，顾客的反馈通常会包含完全不属于同一层级的内容，如"应对服务不好"和"电话的声音听不清楚"。因为，电话声音模糊是属于应对服务不好的一个方面。如果顾客反馈里有这样不明确的部分，就无法确定在接下来的设计阶段怎样处理才能满足客户的需求，设计工作就无法顺利开展。因此，针对作为设计对象的产品和服务，需要将其要求按照第一、第二、第三层级予以展开。

表 5-1 是宾馆前台服务中顾客的需求。在这一图例中，将前台服务分成了入住和确认预约两部分。其中关于入住方面的第一层级的要求有"入住准确率""速度"以及"应对态度好"

表 5-1　宾馆前台服务中客户要求展开示例

主要业务	流程	第一层级要求	第二层级要求
前台	入住	入住的准确程度	意图传达清晰
			语言易懂
			说明准确
		速度	说明简洁
			被问到问题能马上说明
		应对态度好	态度和蔼
			气氛友好和谐
		……	
	确认预约	确认预约	
		……	
	安排房间	……	
问询	把握客户意图	……	
	回答问题清晰准确		
支付费用:		……	

顾客的要求都很笼统，所以要准确展开并分别确定应对方法

128

等方面。此外，"入住准确率"这一项的第二层级要求则可以展开为"意图传达清晰""语言易懂"。像这样将服务展开为第一、第二层级，就可以对顾客的要求进行更为全面、更有层次的整理。

最后，企划部门也不能只以客户为导向，营业阶段的反馈也很重要。在营业阶段，经常会实施客户满意度调查。客户满意度也是检查企划、设计、制造好坏的参考。如何利用客户满意度进行检查，将在本章第 6 节中予以阐述。

设计阶段

（1）设计的作用

　　设计部门的主要职能就是根据企划部门和研发部门提供的信息，结合成本要求考虑产品的生产能力、服务的提供能力来决定能够满足客户需求的产品和服务的规格。如果是产品，主要规定产品的尺寸和重量等与产品状态相关的参数；如果是服务，则详细规定提供信息的内容、应对顾客的方法等。比如在设计事务处理流程时，就必须考虑事务处理的速度，否则就无法跟上实际处理事务的节奏。另外，成本最终会反映在价格上，在考虑品质的同时，也需要将成本控制在一定程度。总之，在设计阶段，要综合考虑各种因素，来决定产品的规格。

（2）设计阶段应该把握的要点

在设计阶段决定规格参数的时候，为了实现更好的品质，必须把握好关键的两点。一是要与企划部门和生产部门进行密切沟通，二是如果有问题尽量在早期发现。

与企划部门、生产部门、客服部门进行密切沟通，是为了避免设计者对产品和服务的规格设计独断专行，实现客户要求与生产能力、成本等方面的综合平衡。通常情况下，顾客的要求都比较笼统。即使企划部门将客户要求按照表5-1的形式进行展开，也只不过是将客户的笼统需求变成了分层级的构造，并不能直接决定产品的规格。因此，就需要将客户的反馈转变成产品和服务的具体规格，后文的（3）中介绍的品质功能展开就是一个有效的工具。

接下来是为什么要尽早发现问题。比如在生产产品的时候，如果开始生产后才发现设计环节的问题，准备生产阶段的所有辛苦都会白白付出。另外，已经生产的部分，也需要返工。如果在设计阶段就能发现问题的话，只需要在设计阶段进行修改即可。就像例子中的情况，如果进入到下一个流程中才发现问题，会为了后期的修正而花费巨大的精力。客服也是如此，如果设计了服务手册，并按此对员工进行培训后才发现问题，那么之前的培训效果也就几近为零。为了尽早发现问题，就需要实施（4）中介绍的设计审查。

（3）品质功能的展开

品质功能的展开（QFD：Quality Function Deployment）是指将客户的要求进行分层次整理，将其转换为产品规格所对应的特性。图5-3是以英语培训学校为例进行的品质功能展开分析。首先，图表的竖向表格中将顾客的要求予以展开，但是客户的要求都很笼统，层次上也几乎没有进行整理。

首先要对顾客的笼统要求尽量予以全面有层次的整理，图5-3的竖向表格就是将客户的要求按照三个层次详细展开。

另一方面，该图的横向坐标是决定产品和服务规格的各项要素，学习计划和学习形式是表现服务提供方的质量因素。如果是产品生产，就相当于尺寸和材质。

其次，图表的中间部分显示的是服务的要求与服务的品质特性之间的关系。其中标有圆圈的部分表示要求与品质特性之间的关系密切。比如，在这个表中显示，留学费用的高低与留学时间之间有对应关系，与留学地点也息息相关。

在企划阶段，需要把握图中竖向表格中客户要求的构造，确定需要重视的要求。另一方面，为了在设计阶段尽量满足顾客需求，就需要充分利用图表中间部分的对应关系，再考虑生产阶段的能力，来决定对应各自特性的规格参数，如培训项目的构成、班级人数数量。

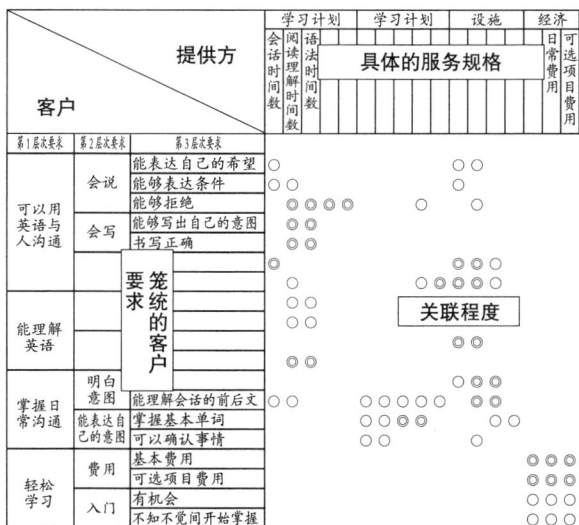

品质展开中，将顾客的反馈进行结构性的展开，并显示与设计要素之间的关系，以达到实现客户要求的目标

图 5-3　英语培训学校中品质功能展开示例

（4）什么是设计审查（design review）

设计审查（design review）是指为了尽早发现问题并采取相应对策，在完成设计工作后，将生产和客服有关的人员集合在一起，对设计方案进行探讨的活动。如图 5-4，显示的就是设计审查流程示意图。从该示意图可以看出，企划、研发、设计、生产准备、采购管理、生产等各个部门都与设计审查活动

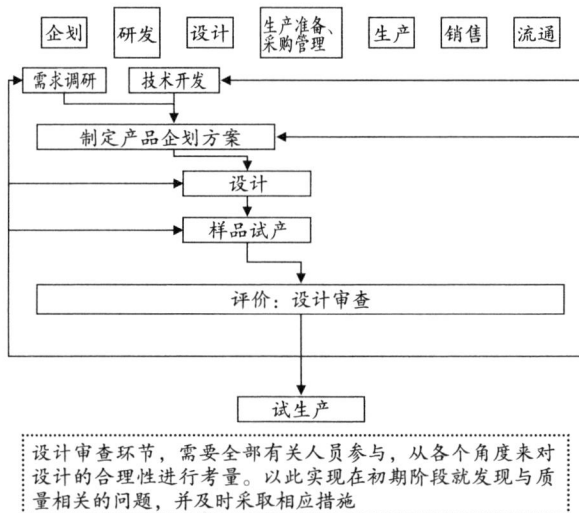

图 5-4　设计审查流程示意图

有关。

在图 5-4 中，纵轴与时间轴相对应，横轴与企划、研发、设计、生产准备、采购管理、生产、销售、流通等各个部门对应。如图所示，在完成企划和研发后，进入设计环节。在设计大体完成后，各部门集中对所设计的产品和服务的质量进行论证。比如，从企划的角度来论证是否正确反映了客户的需求，从生产的角度来考量设计的规格在实际生产的时候是否现实可行。

如果在设计审查中发现了问题，就需要予以重新设计，完成后再次进行设计审查。尽量在早期阶段发现问题，是为了降低解决问题的成本和时间。图 5-5 显示的就是发现问题的时间

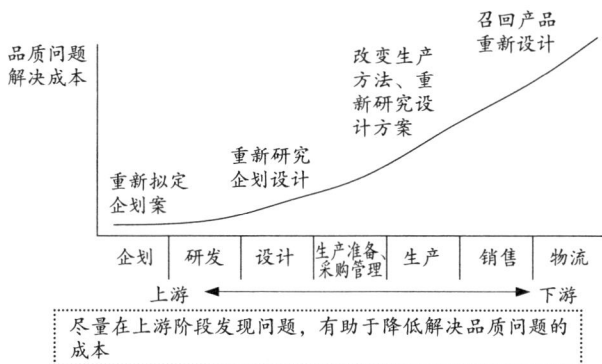

图 5-5　品质问题的发现阶段与解决问题所需成本

点和解决问题所需要的成本之间的关系。

比如在企划阶段发现了问题，只需要重新拟定企划方案即可。但是，如果到生产阶段才发现设计方面的问题，就需要从研究设计方案开始重新做起。也就是说，越靠近下游阶段，解决问题需要的成本和时间就越多。从这个意义上来看，为了尽早发现问题，就需要所有部门都参与到设计审查中。

生产准备、采购管理阶段

（1）品质管理的目的

进入生产或提供服务前的准备阶段的目的就是，找到合适的操作方法，使生产与计划保持一致，或者提供的服务符合自己的初衷。

以汽车生产为例，也并不是设计完成后就马上可以进入生产的环节，还需要确定很多内容，比如使用什么样的设备、采用什么样的生产顺序，以及如何采购零部件等等。此外，宾馆服务中，在实际向顾客提供服务前，也需要有如何确保人才、如何进行培训等用来为提供服务做准备的阶段。

（2）生产准备的要点

在考虑生产和提供服务的准备活动中，两个关键词就是"样品试产"和"标准化"。首先，"样品试产"就是试验性地生产产品或提供服务，并对结果进行评价的活动。观察设计阶段中决定的设计，考虑如何进行生产或提供服务，然后实际进行验证。

对试生产的产品或试提供的服务进行评价时，要从产品质量、服务品质的视角以及生产和服务的提供是否顺利等生产者视角两个方面进行评价。图5-6是对试生产产品评价项目的示例。在这一图例中，既有从产品质量角度，评价产品是否严格按照设计进行生产的项目，也加入了从生产效率角度对单位时间的生产效率、工作的难易程度进行评价的项目。

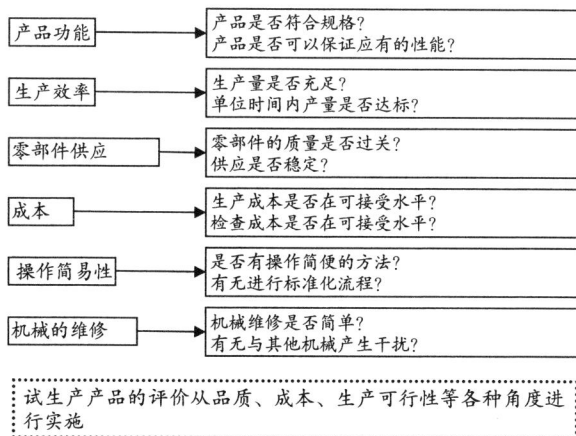

```
产品功能  ──▶  产品是否符合规格?
                产品是否可以保证应有的性能?

生产效率  ──▶  生产量是否充足?
                单位时间内产量是否达标?

零部件供应 ──▶ 零部件的质量是否过关?
                供应是否稳定?

成本      ──▶  生产成本是否在可接受水平?
                检查成本是否在可接受水平?

操作简易性 ──▶ 是否有操作简便的方法?
                有无进行标准化流程?

机械的维修 ──▶ 机械维修是否简单?
                有无与其他机械产生干扰?

试生产产品的评价从品质、成本、生产可行性等各种角度进
行实施
```

图 5-6　生产准备阶段试生产产品的评价项目图例

　　如果在试生产阶段，无论如何都没有办法生产出满足要求的产品，就需要重新进行设计。一直到试生产产品或是提供的服务达到令人满意的效果，都是准备生产的阶段。这一阶段的目的就是可以生产令人满意的产品，可以提供令人满意的服务。

　　接下来，以类似操作标准或服务提供手册的形式将操作步骤予以固定，然后就是对员工进行培训，以使工作严格按照操作标准或服务手册得以实施。

　　大多数情况下，制作标准和按照标准进行生产或提供服务的人是不同的。这样就会出现不能或不按照既定的方法进

行实际操作的情况。此时，就需要根据事情状况对标准进行修订或对人员进行培训。

（3）采购管理的要点

采购管理是指选定供货方，并检验是否持续进行供货，并在必要的时候采取一定措施等活动。在采购管理中的计划（P）是指选定今后所采购产品的供货方，这里的选定要基于品质、价格、发货期等各种因素的评价。其中最难评价的就是品质。价格可以一目了然，很好判断。发货时间也可以用"截至何时发送多少货物"的形式加以约定。质量该如何进行判断呢？每一个零部件的品质或许可以判断这个质量好、那个质量不好。但是，对整体该采用何种方式进行判断，恐怕就是经常遇到的问题了。

比如，某个餐厅要从鱼糕供货商中来选定其中一家。鱼糕的供货商有鱼糕厂家（a）和（b）两家，最近两家公司的鱼糕重量分布图经调查如图5-7所示。如果选定（a）厂家，就可以按照供货要求提供重量在100克—105克之间的鱼糕。而（b）厂家中，鱼糕的重量分布则呈现不规则的状态。可能是因

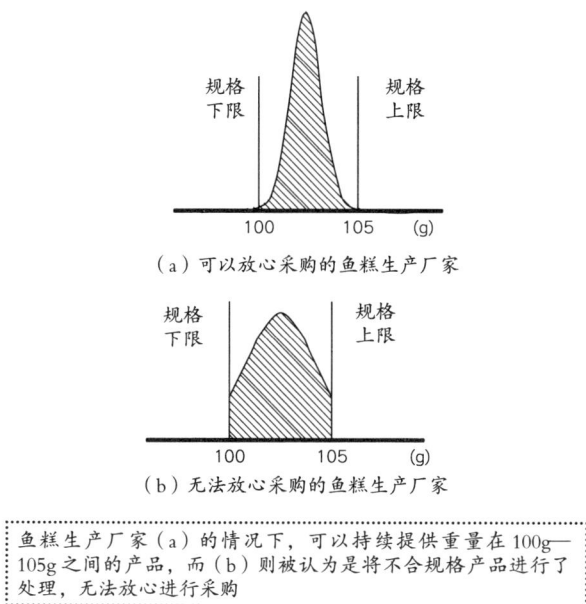

（a）可以放心采购的鱼糕生产厂家

（b）无法放心采购的鱼糕生产厂家

鱼糕生产厂家（a）的情况下，可以持续提供重量在100g—105g之间的产品，而（b）则被认为是将不合规格产品进行了处理，无法放心进行采购

图5-7　重量分布与客户能否放心采购关系图

为餐厅指定了进货鱼糕的重量要在 100 克∽ 105 克之间，所以只发了重量在 100 克∽ 105 克之间的鱼糕，其他的则在内部进行了处理。这两家中，可以放心采购的是（a）厂家。像这样，在选定供货方的时候，有必要选择充分满足质量要求的单位。

选定好供货方后，接下来需要对供货状况进行检查。一般情况下都按照要求正常供货，但是有时也会出现质量下降的情况。这就需要及时进行处理，如果是"发来的零部件质量不好，请尽快提供质量合格的产品"的处理方法，那不过是应急措施。为了防止再次发生，需要将现有的状况反馈给供货方。此外，不能一味将责任推诿给供货方，需要通过信息共享等方式来构建合作机制。

生产、客服的阶段

（1）生产和客服阶段的目的和要点

在生产和客服的阶段，需要按照计划进行生产或提供服务，并检查其结果是否正确。另外，还有重要的一点就是在必要的时候根据情况进行处置。下文来分别进行说明。

按照计划操作，是指按照在生产准备阶段决定的步骤和方法进行作业。以餐馆为例，即从决定的供货方采购原材料，按照设定好的菜单和配方制作菜品。负责接待的人员按照决定好的程序接待客人。

下一步是检查产品质量和服务品质的阶段。继续以餐馆为例，决定好的菜单能否在规定的时间内制作完成，接待客人的时候能否按照设定的方案来实行。接下来还要对检查结果进行判断，如果有必要再进行相应的处置。

比如制作菜品的时间超过了预想时间，首先要确认时间要长多少。接下来还要判断是否按照预先制作好的"烹调手册"来制作菜品。如果制作方法是完全按照之前决定的方法进行的，那就说明不是厨师的制作方法有问题，而是"烹调手册"的原因。如果是没有遵守"烹调手册"的话，大概可以想象到有以下几种情况："厨师知道烹调手册却做不好""厨师因为不知道烹调手册而做不好""知道烹调手册却没有遵守"。"厨师知道烹调手册却做不好"的情况下，需要重新对标准加以研究，确认是否在做法上有不可行之处，或者对厨师的能力进行再培训。"厨师因为不知道烹调手册而做不好"的情况下，就首先使厨师了解规定的制作方法。需要根据不能按时制作的原因来采取合适的处置措施。

（2）初期的流动管理

在生产和提供服务的时候，还需要预估适应后的熟练效果实行初期的流动管理。以餐馆为例，第一次做菜的时候肯定会多花时间也多费工夫。等适应后，就可以既省时又美味。因此，在设定标准时间的时候就需要考虑到这样的熟练效果，管理的时候也同样如此。

在设定标准的时候，有时会以熟练状态为标准来进行设定。这样的情况下，切不能忘记在初期阶段会花费更多的时间。此外，在银行等地方的窗口业务中，如果是不熟练的柜员就会多花时间，而如果是熟手的话很快就能办完。以上是以时间为例进行的说明，同样，产品的质量和服务的品质在初期阶段也会有不理想的阶段，随着时间推移熟练度也会越来越好。

像这样从时间前后来看，在最初阶段需要加以特别的考虑，这样的应对措施就是初期流动管理。初期流动管理的要点就是以熟练效果为前提制定标准，在此基础上进行 PDCA 循环。

（3）维持与改善

初期的流动管理结束后，重要的是如何维持良好的状态，并在合适的时机下予以改善。图 5-8 是初期流动管理、维持、改善的概念示意图。

初期流动管理中，到达预定目标后，接下来对这一状态加以维持。为达到维持的效果，最为重要的就是实行标准化处理。将处于良好状态的结果作为标准，以此标准来进行生产后提供服务。找出可以满足客户的接待方法，并将这样的方法推广到所有员工。

在达到维持效果后，根据需要再进行改善。这是因为如果一直按照现有水平生产产品或提供服务，总有一天会落后于市场水平。因此就需要设定动态的合理目标，来改变现有的水平。关于改善活动，详细情况在本书中就不再赘述，这里仅对其基本原则进行介绍：

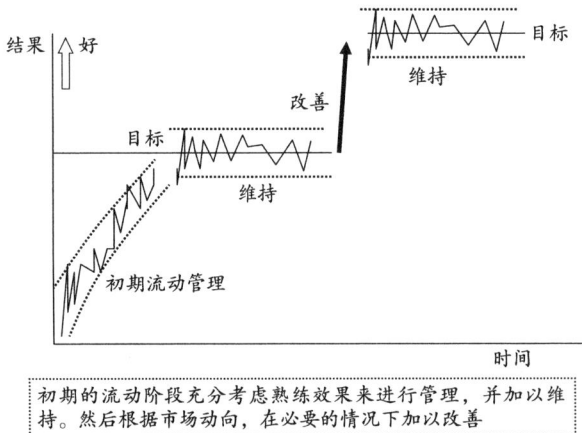

初期的流动阶段充分考虑熟练效果来进行管理，并加以维持。然后根据市场动向，在必要的情况下加以改善

图5-8　生产准备阶段试生产产品的评价项目图例

146

（a）控制分布因素，以减少结果的分布不均

（b）改变结果的平均值以使结果的平均值得以改善

（c）出现异常状态时，与正常状态进行对比

为了进行改善活动，首先要确认结果的状态，然后再根据以上三项采取合理的应对措施。

（4）生产优质产品有助于降低成本

生产优质产品可以降低企业的综合成本，这样的观点自 20 世纪 70 年代左右开始被人接受。在此之前，主流观点认为，与生产优质产品相比，只要加强检查力度就可以防止不合规格产品流入市场，最终会降低企业成本。这样的倾向在崇尚专业精神和部门主义的欧美国家尤为显著。但是，从诸多事例和经验来看，可以发现尽量在上游阶段发现不良品更有利于降低企业的综合成本。

关于与质量和品质相关的成本，这里简称品质成本，大致分为预防成本、评价成本和问题成本几项。在此基础上，

问题成本还可以细分为在外部发现问题时的外部问题成本和在内部发现问题时的内部问题成本。预防成本是为了确保品质不出现问题所花费的成本，评价成本则是对品质进行评价所花费的成本。

从成本的构成上来讲，一般情况下越是在上游阶段发现问题，所花费的成本就越少。另外，在外部出现问题时所花费的成本要大大高于在内部发现问题时所花费的成本。如果问题在内部被发现，只需要材料费、人工费即可，但是如果问题在外部被发现，还会额外增加回收、赔偿等各种各样的费用。因此，务必要尽早发现问题。

（5）检查也是重要的部分

检查本身并不会使质量和品质达到完美，但是检查活动是非常重要的。检查的主要目的是为了不让不良品流入市场。另外，检查的记录结果也是与质量和品质息息相关的数据，有助于开展各种改善活动。近年来也有的企业为了展示自己流程的准确性而公开检查结果，以获得客户的认可。后文介绍的 ISO 9000 质量认证体系规格中，截至 1994 年对与检查相关的要求也非常严格，其原因也正在于此。对于检查活动，最为重要的是不要把它单纯当成是一种区分产品是否合乎规格的调查，而是充分认识到它所发挥的各种重要作用。

销售阶段

（1）探索顾客评价和潜在要求的销售阶段

在销售阶段，TQM 的目的就是探索顾客对产品和服务的显性评价及潜在要求。过去顾客的要求都很单纯，比如 20 世纪 70 年代，顾客的要求仅仅就是汽车可以无故障行驶，电视可以无故障播放节目。进入 21 世纪，这些要求越来越复杂化。为了探索顾客的潜在要求，销售阶段的主要职能就是获得基础信息。

如图 1-2 所示，无论基本品质还是魅力品质，其本质就是物理满足状态和个人满意程度的二元结构。在过去，只要使产品满足物理要求就能得到客户的满意。

但是，现在来看，汽车在行驶的时候不出现故障是最基本的要求，如果不能正常行驶必然会引起客户的不满，但是仅仅能正常行驶，是无法获得客户认可的。企业方的课题就是，在切实实现基本品质的前提下，再创造出能得到顾客认可的有魅力的品质。要想实现这一目标，就需要销售部门发挥收集客户反馈和声音的这一重要作用。

（2）搜集顾客反馈，开拓新业务

离客户最近的部门就是销售部门。对产品或服务进行改善的时候，第一手的信息来源就是销售部门收集到的客户反馈。对于客户的反馈，明显的不良品或投诉信息要优先进行应对。另外，客户的投诉，可以看作是显性的不满。如图 5-9 所示，要认识到显性的投诉不过是冰山的一角，重要的是要尽量使隐藏在水面下的冰山浮出水面。

探索客户潜在需求的方法有"观察客户行动"和"不能满足客户的服务记录"。在某个研究项目中，列举了秋叶原的某家咖啡店提供创新服务的实例，从中对客户的行动进行了观察。该咖啡店地处秋叶原，到店里来的顾客多是刚在电

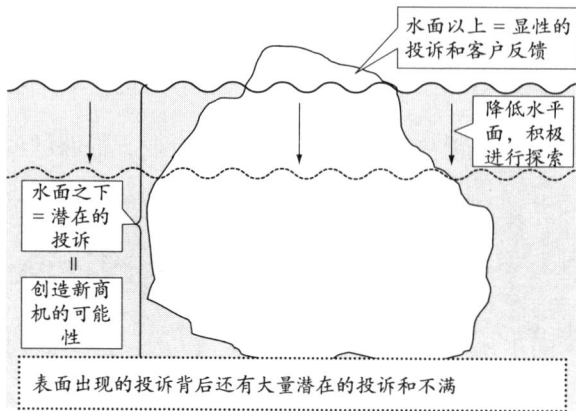

图 5-9 生产准备阶段试生产产品的评价项目图例

器街上购完物的人。其中，有部分顾客连菜单都不看，直接点了咖啡或橙汁之类的饮料，然后对饮料毫不关心，只是把刚才采购的电器从袋子里拿出来想试用一下。有的顾客还会问有没有电源插头。对于这些顾客来说，他们不注重咖啡店喝东西、休息的功能，他们的要求更倾向于使用电源、马上试用刚买到的物品。

于是，这家咖啡店进行重新装修，设置了电源和试用区，因此受到了相当高的评价。这样的应对就是将图 5-9 中潜藏在水面之下的顾客需求积极提取出来并开展新服务的实例。

另外，面对顾客的提问，没能满足顾客的服务要求时的记录也非常重要。比如被问到有没有电源插座的时候，即使回答没有，顾客也许会觉得这里是咖啡店，没有电源插座也是没有办法的事情。但是，从另外的角度来看，这也意味着潜在的商业机会。对现在尚未提供的服务要求，回答 NO 也是没有办法的事情。重要的是将这样的情况加以记录，将其转变为提供服务的新线索。

（3）对现有产品进行顾客满意度调查

对于新提供的服务，（2）中的收集顾客反馈是最为有效的手段，对正在实行的服务项目，最有效的手段是客户满意度调查。客户满意度调查是针对产品或服务的重点项目来调查客户

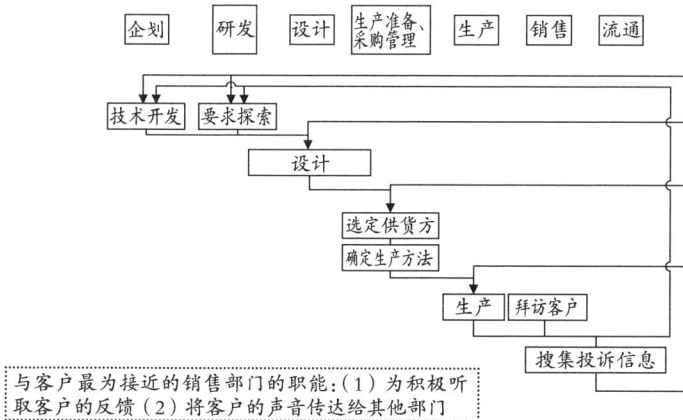

图 5-10　TQM 中销售部门的作用

的满意程度。其中最为有名的是汽车行业中 J.D.Power 公司的
客户满意度调查。另外，在对服务进行满意度调查的时候，大
多数的宾馆都准备了纸质问卷。问卷的调查结果用于宾馆服务
的自查以及今后的改善活动。

（4）与其他部门的合作

销售部门需要与其他部门协作，将客户的声音和满意度反
馈给企划部门、设计部门和生产部门。比如，如果客户有潜在
的要求，就需要将这一要求传达给企划部门。如果是关丁规格
方面的事宜，就需要将相应信息予以展开并传达给设计部门。
如果是关于生产方面的问题，则要传达给生产部门。简单来
说，如图 5-10 所示，销售的重要作用就是考虑顾客的声音和
满意状态，将信息传达给各自需要的部门。

库存、流通阶段

（1）库存、流通阶段的要点

库存、流通阶段的要点就是对保存、流通中的产品进行监控和管理，以确保不会对产品的质量造成损害。一般情况下，产品和服务在库存、流通阶段几乎都不会产生附加价值。

因此，经常会出现因为成本原因而对这一阶段的管理进行偷工减料的情况，因此可能会因为产品和服务的安全性方面导致致命的损失。这样的问题在食品行业尤为显著。生产过程中，企业会引进 HACCP 等框架来确保产品的安全性，而在流通阶段往往会掉以轻心。为了避免这样的事态，需要设计库存、流通阶段的质量品质保障方案，按照方案贯彻管理原则，并根据必要情况进行适当的处置。

（2）库存阶段要考虑实时变化情况

出于品质方面的考虑，需要确保库存期间的产品性能不会出现退化。因此，需要在设定库存管理方案的时候，充分考虑品质受时间因素影响的情况，并严格按照库存管理方案执行。然后随时对结果进行监控并采取必要的处置措施。

（3）流通阶段最为重要的信息共享

流通阶段中，有时不仅限于自身企业内部，可能会由运输厂家来承担这一职能，所以各自的职责分担和信息传达就非常重要。比如在运输食品的时候，"请保持温度零下10度以下"和"运输的是鲜鱼，请保持温度零下10度以下"，两种不同的说法，会给接受信息的人两种不同感觉，前者仅将希望的做法进行了传达，而后者还包含了为何需要这么做的信息。

虽然没有必要将所有的信息都传达给负责运输的人员，但是，对影响品质的因素，如储存、运输方法要切实传达给相关负责人，并确保按照确定好的处理方法予以实施。因此，需要充分明确产品质量和服务品质，并一一找出影响质量和品质的所有要素。

.

第 6 章

TQM 模式及其效果的活用

ISO 9001 质量管理体系

（1）ISO 9001 质量管理体系概要

ISO 9001 质量管理体系，是由国际标准化组织制定的与品质管理系统相关的一系列国际标准。国际标准化机构的英文名称虽然是 International Organization for Standardization，但为了凸显希腊语中该词的"平等"之意，另外还考虑到语感，故其简称缩写不是 IOS，而是 ISO。除 ISO 9001 以外，还有确定了基本术语的 ISO 9000 等内容，统称 ISO 9000 质量管理体系。

就产品标准决定产品规格等而言，ISO 9001 是决定了品质管理系统的要求事项的标准。具体表现在，根据企业的经营环境和经营目的，制定产品质量、服务品质相关方针，并在领导层的指导下展开实践。进而为了实现以上所述内容，以及适当地进行 PDCA 的循环，还要求开展计划、支撑、运用、评价、改善。另外，管理系统中，除了品质以外，还包含有环境管理系统要求事项的 ISO 14001，以及信息保护系统要求事项的 ISO 27001 等内容。

（2）第三方认证的活用

ISO 9001 成为 ISO 体系中最引人注目的标准，其最大的理由就是第三方认证框架，即除产品和服务的提供方，以及作为接受方的顾客以外的第三方，通过审查产品生产者、服务提供者的系统管理能力，推动企业和顾客之间的贸易交易等。这样的表述听起来好像特别复杂，但其实在我们的日常生活中经常遇到。比如说，TOEIC 就是考察英语能力的第三方，对升学、就职等大有用处。

ISO 9001 的认定也是这样一个框架。第三方认证有三大价值点，一是，对顾客而言，可以有机会获取企业所提供的商品质量和服务品质的相关信息。也就是说能够放心购买被认证了的企业的产品和服务。二是，企业可以以通过认证审查为目

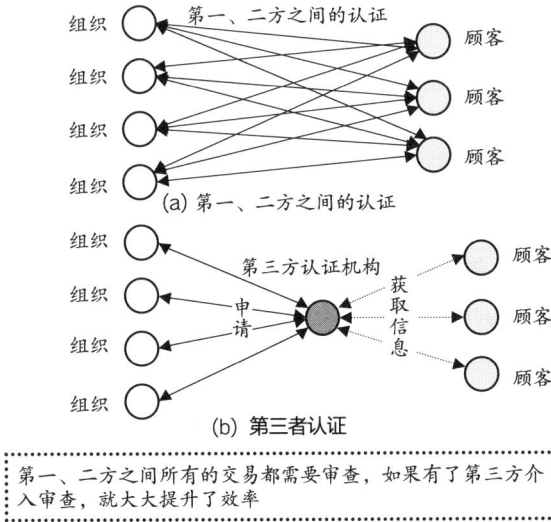

图 6-1　第三方认证的结构

标，确立品质管理的结构，并提高生产能力。第三，可以省去顾客与企业进行产品或服务交易时不必要的步骤。

　　第一个价值点，在 ISO 9001 要求事项的内容适当、审查制度等也适当的情况下即可实现。而第二、第三个价值点原则上还是以第一个为前提。ISO 9001 的认证，基本上是世界各国通用的。在某国获取的认证结果，通常在海外其他国家也是有效的。这样一来，ISO 9001 就像是品质的护照。

（3）ISO9001 开发经过

ISO 9001 第一版发行于 1987 年，1994 年发行其改订版。ISO 9001 的目的在于，确保提供满足客户需求的质量保证。其基本出发点是为确保客户可以获得满足自身要求的产品和服务，而对客户与企业的衔接点即检查进行强化。

之后的大改版于 2000 年发行，通过此次改版，ISO 9001 成为了管理系统中的标志性存在。ISO 9001 规定，由企业高层将企业前进方向作为品质方针予以确定，然后各个部门落实为各自的目标，并要求切实开展活动以实现目标。此外，其中还引进了客户的要求。在 2000 年版本的基础上，2008 年又出版了进行补充、措辞修改后的增补版。

ISO 9001 的大范围修订版于 2015 年 9 月公布，其中大部分内容已经于 2015 年 7 月末前确定，只剩下最后的最终确认。这一版本中，为了提升与品质、环境、信息安全等多种管理系统规格的整合性，在制作的时候还参考了 ISO 专门业务指南附件的补充附件 SL。补充附件 SL 包含了决定条款构成的层级构造、专用术语的定义和规范化的文本。

（4）ISO 9001：2015 的基本思路

正如 ISO 9001 的适用范围所描述，其目的在于通过给客户发出满足要求的信号，来获得客户的满意。为达到这一目的，就需要按照质量管理的七项原则来表示要求事项，即"重视客户""领导力""所有成员积极参加""流程方法""改善""基于客观事实的意思判断""关系管理"。其中，企业高层为了发挥"领导力"，需要在决定方针、落实各部门的目标、现场实践、长期愿景、PDCA 循环等关键时期做出决断，此外与"所有成员积极参加"和 QC 小组也有着很深的关系。另外，"基于客观事实的判断"的意思与 TQM 的行动指针中阐述过的用数据来说话、基于事实进行管理是相同的。也就是说 ISO 9001 的要求事项与 TQM 中为满足顾客要求所需的行动也是一致的。

表 6-1　ISO 9001：2015 结构图

1. 适用范围

2. 引用标准

3. 术语及定义

4. 企业的现状
　4.1 企业及现状理解
　4.2 理解利害关系人员的需求及期待
　4.3 决定品质管理系统的适用范围
　4.4 品质管理系统及其流程

5. 领导力
　5.1 领导力及其承诺
　　5.1.1 通常要求事项
　　5.1.2 重视顾客
　5.2 方针
　　5.2.1 决定品质方针
　　5.2.2 传达品质方针
　5.3 企业的职责、责任及权限

6. 计划
　6.1 风险及机会
　6.2 品质目标及达成目标的计划制定
　6.3 变更计划

7. 支援
　7.1 资源
　　7.1.1 通常要求事项
　　7.1.2 每位员工
　　7.1.3 基础设施构造
　　7.1.4 流程运用的相关环境
　　7.1.5 监控及检测的相关环境
　　7.1.6 组织的知识
　7.2 力量

7.3 认识
7.4 沟通
7.5 书面化的信息

8. 运用
　8.1 运用的计划及管理
　8.2 产品及服务的要求事项
　8.3 产品及服务的设计与开发
　8.4 外部提供的流程，产品及服务的
　　　管理
　8.5 生产及服务提供
　8.6 推出产品及服务
　8.7 不当输出的管理

9. 效率评价
　9.1 监控、检测、分析及评价
　　9.1.1 通常要求事项
　　9.1.2 满足客户
　　9.1.3 分析及评价
　9.2 内部监查
　9.3 管理愿景
　　9.3.1 通常要求事项
　　9.3.2 管理愿景输入
　　9.3.3 管理愿景输出

10. 改善
　10.1 通常要求事项
　10.2 不当之处及矫正措施
　10.3 持续改善

附件 A 新构造、专业术语以及概念的
　　　　明确
附件 B 根据 ISO/TC176 制作而成的品
　　　　质管理系统及其他规格
参考文献

> ISO 9001 中明确了品质管理系统的要求事项。这一规格不分行业，
> 是指一般性管理体系所应具备的条件

（5）要求事项的构造与内容

ISO 9001 系统 2015 年版的目录如表 6-1 所示，通过第 4 条可以理解企业自身所处的状况，有必要构建品质管理系统；第 5 条中则是关于发挥高层领导力的要求。接下来，第 6 条是品质管理系统中的计划；第 7 条是支援内容，这与品质管理系统相对应的 PDCA 循环中的 Plan 阶段相对应；第 8 条是运用，相当于 Do；第 9 条是评价，相当于 Check；第 10 条是改善，相当于 Act。

在此次改订时，根据补充附件 SL 的内容，ISO 9001 的构造也发生了变化，其要求标准也大幅度提高。与 2008 年版本相比，有以下几项显著改变：（a）从更广阔视角审视企业所处的内部、外部环境以及利害关系者对企业的期待，从中找出本企业应该改进之处并予以明确，构筑可以保证产品质量和服务品质的管理系统;（b）使品质管理系统融入成为企业事业的一环;（c）为改善效率，增加了获得相关知识、减少人为错误等各种要求。

（6）ISO 9001 的活用

只要是严格实施 TQM 的日本企业，都完全可以达到 ISO 9001 要求的水平。但是在申请认证时的一个普遍问题就是，大多数的日本企业还不习惯向外部展示工作方法。大多数日本企业习惯的工作方式都是以默契协作和高水平的基础能力为基础，没有确立明确的操作标准。切实有效开展了 TQM 的企业，在申请 ISO 9001 认证的时候，唯一需要花费精力的事情就是明确展示 ISO 9001 的要求事项和本企业的框架是如何对应的。

对于切实引进了 TQM 的企业来说，通过 ISO 9001 认证，是对企业基本事项实施情况的再确认，也是 ISO 9001 的一个活用方法。ISO 9001 的要求事项都是最为基本的国际标准水平，对企业来说也都是理所当然需要严格执行的标准。通过 ISO 9001 认证，也是对此类基础事项进行确认的有效手段。ISO 9001 系统 2015 年版，经过改订后更便于企业运营，希望更多的企业可以把它当作企业运营中进行自我评价的手段。

戴明质量奖

（1）戴明质量奖简介

·戴明质量奖概要

戴明质量奖是有效推动 TQM 实施的几个相关奖项的统称，另外还指表彰企业或组织的奖项。戴明质量奖除了名称相同的戴明奖外，还有戴明奖本奖等其他奖项。2012 年时变更为现在的名称。

非统称而是分支奖项的戴明奖，一般授予有效实施了符合其经营理念、业务种类、业务形态、规模、经营环境的 TQM 的申报机构。另外，戴明奖本奖授予的是研究 TQM 或研究如何通过 TQM 进行统计等有杰出贡献的个人，或者在 TQM 普及方面有突出贡献的人。被授予戴明奖后继续更进一步推进更高级别 TQM 的机构将被授予戴明奖大奖。按惯例由社团法人日本经济团体联合会（日本经团联）会长就任委员长。另由财团法人日本科学技术联盟担任事务局职责，委员则来自各界学者或有经验的人士。

戴明奖是为了纪念已故美国品质管理专家戴明博士所做贡献而设立的奖项。戴明博士自 1950 年首次踏上日本的土地之后，多次赴日授课为日本的品质管理奠定了根基。为日本品质管理的起步发挥了巨大作用，因此以博士姓名命名该奖。考虑到本书主旨，以下将对戴明奖，也就是授予对象为有效实践 TQM 的企业的戴明奖进行说明。

截止到 2013 年，戴明奖包括其旧称"戴明奖实施奖"的时代在内，共计 232 个企业获奖。戴明奖大奖获奖机构 27 家，包括其旧称"日本品质管理奖"时代。常见的大企业几乎都有获奖。而获奖企业涉及领域广泛，有钢铁行业、化学界、电机行业、汽车业、建筑业等等。另外，自 1989 年佛罗里达电力公司开先河成为首家获奖的海外企业，近年来越来越多的外企也开始申请该奖项。

·戴明奖的特征

戴明奖的特征之一，是对企业自行开发的 TQM 实践情况进行评价。也就是说，评价项目先确定大概框架，然后该机构自行开发方法来实现这个框架。另一方面，后面将详述的美国马尔科姆·鲍德里奇国家质量奖对其评价结构进行了细化。如果评价项目较为宽松，就能够产生多种有创造性的手法和概念。相反的，进行细化后，就很容易看清应前进的方向。戴明奖的目标是产生新方法、新概念，举例来说就是方针管理。它非源自理论主导，而是从 1960 年后半期开始，作为企业活动的方法论，在实践过程中产生的。

·从戴明奖角度看 TQM 的定义

戴明奖中对 TQM 的定义为："为了能够适时且以合适的价格提供令顾客满意的产品或服务，而有效运营企业整体机构、为达到企业目的做出贡献的活动。"定义一开始就指出"提供令顾客满意的产品或服务"，这并非指一般性经营管理活动，而是强调了以品质和质量为对象这一重点。从这句话上我们也可以看出，TQM 的核心是提供顾客满意的品质和质量这样一种理念。戴明奖从"①基本情况""②有特色的活动""③领导层的作用及其发挥"三个方面对机构进行评价。下面我们来分别看一下它的构成。

（2）戴明质量奖的评价标准

· 基本情况

基本情况的评价项目如表 6-2 所示。从该表可以看出，TQM 中，高层领导的最强承诺是必须的。也就是明确了以品质为重的经营方针，并将其接下来的展开纳入第一个评价项目即"1. 品质管理相关经营方针及其展开"中。

表 6-2　戴明奖（基本情况）的评价项目

1. 品质管理相关经营方针及其展开
2. 新商品的开发以及业务改革
3. 商品品质及业务性质的管理及改善
4. 品质、数量、交货期、进价、安全、环境等管理体系的完善
5. 品质信息的收集、分析及 IT（信息技术）的灵活运用
6. 人才的能力开发

> 由于戴明奖是遵照该企业的活动方针来评审 TQM 实施内容的，所以评价项目都为一般性内容

接下来的"2. 新商品的开发以及业务改革""3. 商品品质及业务性质的管理及改善""4. 品质、数量、交货期、进价、安全、环境等管理体系的完善"是以品质、质量为核心并促成其实现的体系。第 2 项讨论了新商品的开发是否高度追求了顾客满意度。而第 3 项则讲的是日常管理、继续改善这类业务性

质。然后第 4 项更进一步讨论了 2、3 作为体系是否有发挥作用的问题。

接着"5.品质信息的收集、分析及 IT（信息技术）的灵活运用"及"6.人才的能力开发"，能够解释为支撑 TQM 核心而进行的环境创造。与品质相关的信息都是很重要的，能够将其进行妥当处理更是众望所归。另外，人才培育在任何一个领域都很常见，TQM 也将此方面纳入其中。

·有特色的活动

企业自行宣布"有特色的活动"并审查其目标达成度，是戴明奖的一大特色。即接受考评的企业可以宣传自己某方面的优秀做法，并接受评价。就如同刚才介绍过的方针管理一样，可积极评价企业自行研发的方法。这跟人事录用面试很相似，问面试者"你的优点是什么"，然后根据他的回答来对该人进行评价。

·领导层的作用及其发挥

在 TQM 实践方面，高层承诺是很重要的，所以设置了该项评价内容。比如说，对 TQM 的认知、热情、机构的社会职责以及 TQM 相关其他方面都可以纳入评价。该项表现出对高层能够较多承担义务的期待。

马尔科姆·鲍德里奇国家质量奖

（1）美国最权威的质量奖项

马尔科姆·鲍德里奇国家质量奖是美国基于 Public Law 100–107，于 1987 年设立的国家品质奖项。这个时期美国在品质方面落后于日本，为了赶超日本而举全国之力设立了该奖项。该奖项的运营由美国国家标准技术协会及 NIST（National Institute of Standards and Technology）负责。他们从每年申报的企业中选取在提高品质方面有贡献的企业，授予该奖项。评价内容即是否强调品质意识，以及是否将其在一定程度上加以实践。

申报企业所涉及的领域在一开始有制造业、服务业、中小企业三个范畴，自 1999 年起加入了教育机构、医疗保健机构等。这一奖项被公认为是美国在品质方面最具权威的奖项。另外，1995 年设立的日本经营品质奖采用了与美国马尔科姆·鲍德里奇国家质量奖相同的框架。这里使用的审查指南即从马尔科姆·鲍德里奇国家质量奖翻译而来的。

（2）评价的观点及其背后的考虑

对企业进行评价时，从"领导能力""战略计划""顾客即市场目标""信息及其分析""人力资源目标""过程管理""事业结果"这七个方面进行考察。这几个方面会事先分别确定各自的评价重点。然后通过多位审查员进行书面审查、现场审查、终审等多个阶段的审查。

马尔科姆·鲍德里奇国家质量奖评审中也对高层所勾勒的品质质量愿景、方针设定以及发挥领导作用等方面提出了要求。并且还考察是否切实构建了实施规则。具体包括，顾客至上主义、战略开展、人才开发、过程管理等，是否构建了能够切实执行这几项内容的规则，也成为审查的必要内容。企业是否能切实执行每一项内容并根据需要加以修正，展现出这种状态也是很必要的。

考虑到以上所述内容，戴明奖和马尔科姆·鲍德里奇国家质量奖所追求的方向从大框架来看是一致的。也就是说，二者都强调了高层领导决策发展方向以及关注顾客的感受和需求。虽然在达标标准这一点上，二者还存在差异，但可以说 ISO 9000 等标准在方向上都是一致的。

（3）评价项目的灵活运用

在评价项目及分数分配方面，马尔科姆·鲍德里奇国家质量奖比戴明奖更为细化，所以有利于企业对所能达到的水平进行自我判断。而且像该奖项这样将分数分配细化后，企业就明确了今后的重点关注项目，这也有利于企业判断前进方向。

六西格玛

（1）源自美国的品质管理活动

六西格玛，是参照日本 TQM 制定、并加以调整成为适合美国风土文化的品质管理活动。其名称为六 Σ，虽然看起来是与管理图的 3 Σ 法一一对应的，但实际业务和统计的关联依据不强，只是展示目标方向的一面旗帜罢了。

六西格玛产生于 20 世纪 80 年代，那个年代"日本制造就是品质和质量的代名词"，作为确保国际性竞争力的对策，六西格玛应运而生。很多美国企业将当时还被称为 TQC 的日本品质管理活动原封不动地带到了美国。但是，在日本适用的方法，很多内容并不被美国接受。比如说 QC 小组活动，凭借个人意识通过工作达到自身学习成长的目的，但这对基于职务规定而工作的美国社会来说无法接受，只是流于形式，最后并未在美国生根发芽。

六西格玛的诞生源于摩托罗拉公司，是从 20 世纪 80 年代开始根据日本的做法并结合美国文化构建而成的品质管理体系。在那之后逐渐成熟，1995 年被通用电气引入后开始大放异彩。从 90 年代后半期开始，六西格玛甚至成为美国品质管理的代名词。

（2）六西格玛和 TQM 的共同点和不同点

六西格玛作为有组织性地推动品质管理的体系，基于品质管理基础的考虑方式、途径、基本原理都与 TQM 一致。但因国家文化、经营环境等的影响，其推进形态又有些许不同。具体地说，二者共同点如下：

（a）以有组织性地持续改善品质和质量的成长为目标

（b）领导层的重要性、顾客至上主义等品质管理的行动
　　方针

（c）采用的统计手法

（d）每个改善阶段的本质（但称呼有所不同）

可以说这几点超越了企业、国度和文化的界限，是非常重要的概念。

另一方面，以下的（e）（f）则是与 TQM 的差异。作为方法论，从绝对意义上讲二者没有好坏之分，而是因企业文化、风土人情、经营环境等不同所采用的方法有差异而已。然后接下来要论述的是，日本的 TQM 和美国六西格玛的代表内容。当然介于二者之间的企业也不在少数。

（e）以改善为目标的特殊企业 or 以日常企业为基础进行
　　的改善

六西格玛的构造中设置有改善品质和质量的专任活动者职位，这一点后面还会详述。而与此不同的是，TQM 一般并不会特意对日常企业进行变更，而是实践改善活动。六西格玛中，比较有代表性的就是如图 6-2 所示的组织构造。从名称上看，它有黑带、绿带等级别。虽然说这源于空手道或柔道的级别划分，但笔者自小学习的空手道流派中并没有绿带一说。这应该是为了将其调整为美国流派而设立的吧。

在表述六西格玛典型构造的这张图中，管理倡导者的出发点是经营者，黑带主管出发点是项目现场执行，管理倡导者选定改善项目后，交由黑带主管执行。比较有代表性的是，黑带的遴选条件是年龄 20 岁到 30 岁，有约 3～5 年的工作经验。绿带负责的则是与以日常业务为基础的项目相关。

六西格玛中，由项目基础的小组另外单独组建，并由它实践改善项目，这一点最为典型。

像典型的 TQM 一样，以日常小组为基础开展改善活动，

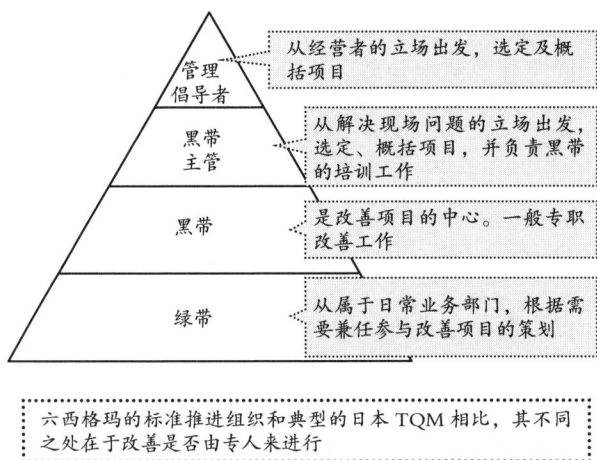

图6-2　六西格玛基本组织及各自作用

虽然活动与现场十分紧密，但因为由此催生对所属部门的归属意识，所以难有大胆改善。另一方面，像六西格玛一样，脱离现场组织改善项目，虽然很容易产生大胆改善的结果，比如系统变更等等，但无法做到现场整体的提高，还有品质管理脱离日常业务的担忧。

（f）为获利而满足顾客需求 or 因满足顾客需求而获利

六西格玛是基于为了利润而满足顾客需求的理念推进活动实施的，而与此相对的是，TQM 的活动理念则是以满足顾客需求的方式带来利润。其起因也是因为，在 20 世纪 80 年代日本国内对股东的概念还很模糊，但美国企业中股东的思想已经开始扎根。也就是说，六西格玛中，股东对利润很敏感，改善项目也是从经济方面开始选定的。

如果把获利作为第一要义，优点就是很容易辨清行动方向。但相反，如若过分强调利润，就有陷入虚假决算的危险性，并且也难以推进平衡经济、社会、环境的活动。而 TQM 是将顾客满意度作为第一要义，只要准确定位顾客需求，就能够保持平衡。但缺点是经济效益不够直观而导致活动被理解的难度增大。

（g）自上而下的管理方式 or 自下而上 + 自上而下方式双
　　管齐下

六西格玛主流做法是自上而下地决定改善课题，与之相
对，TQM 则是由负责改善的成员自行决定改善课题，或接受
由高层领导设定的课题。也就是说，六西格玛以自上而下方式
为主流，而 TQM 的主流是自下而上和自上而下方式双管齐下。
自上而下决定课题的优点在于，企业可以拧成一股绳向着同一
个方向前进；而自下而上决定课题则有利于与日常业务的协调
或基础能力的培养。

（h）标准的改善过程 or 自主的改善过程

六西格玛将 DMAIC 这一改善的实施方式及统计方法作为
包装进行强调，目标是将改善过程标准化后付诸实践。而日本
的 TQM 则是，虽然对于 QC 结构等改善的实施方式或统计方法
采取成套的教育理念，但在应用方面还是有托付给改善负责人

开展自主推进的倾向。

（3）六西格玛和 TQM 的互相延伸

以上（e）至（h）对二者有代表性的异同点进行了总结，但哪个更胜一筹不能一概而论。需要根据企业文化决定引入哪一个。当企业的活动开始变得不合时宜时，不妨从（e）至（h）角度引入至今未曾尝试过的方向，从给予刺激的意义上来看未尝不是个好主意。

另外，美国人喜欢当活动过时时就更换名称。比如说，在六西格玛之前的时代是 SPC（Statistical Process Control：统计工程管理）引领潮流。因此，六西格玛名称也许也会更换为其他名称，但其核心内容即"根据统计方法的活动，认真辨清事实，有组织地实践品质和质量的改善"将会被继承下去。

TQM 的精髓及示范活动

（1）TQM 的目标

TQM 的精髓在于为了让顾客满意，需要维持产品质量和服务品质，并继续进行改善。这里的改善，不仅包括以现有系统为前提的切实改善，还包含构建起新系统所实现的大幅度改善。也就是如图 6-3 所示的那样，企业所提供的产品和服务，其产品质量和服务品质由顾客满意度决定，以上内容持续维持下去并不断改善就是 TQM 的精髓所在。

如第 1 章详述的 TQM 历史变迁，满足顾客需求的方式也是与时俱进的。变化的方向如图 6-3 所示，产品和服务本身好不好，以及对社会环境产生的影响等也被纳入其范畴。不

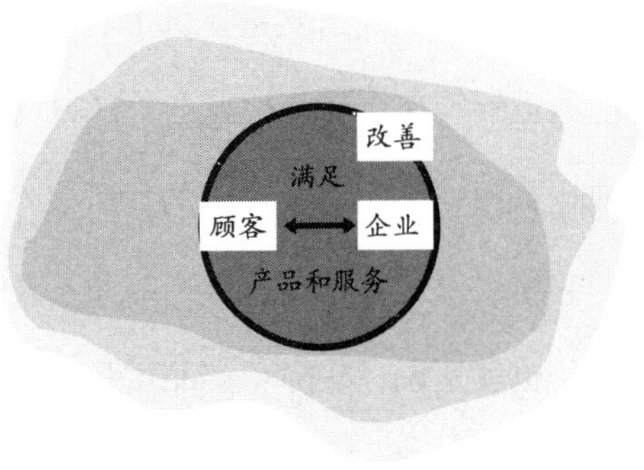

广泛普及的 TQM，其核心为，为了让顾客高度满意而进行的持续改善活动

图 6-3 TQM 的精髓

管品质的内涵如何扩展，TQM 的核心目标就如图 6-3 所示，提高所提供的产品质量及服务品质，以使顾客满意程度达到更高水平。

一般来说，活动一旦复杂化，手段的引进本身会被当成是需要达到的目标，而核心为何物就很容易被忽视。即便关于 TQM，方针管理、日常管理等的引入，有时也会被认为是所要达到的目标。但是，引入的目的是为了实现更高的顾客满意度。

另外，也有人主张"经营的质量"也属于 TQM 范畴，也就是旨在提高经营质量的 TQM。对于这个观点，可以说 YES，也可以说 NO。从提高顾客满意度，提高经营质量这个角度出发，是 YES。另一方面，从经营质量评价上看，财务状况、社会责任及对环境的贡献等存在着各种观点。TQM 并不是将此问题的考虑方法或途径根据事例一一对应的，所以不会作为普通方法进行提供。它所提供的是旨在改善产品质量及服务品质的考虑方法和途径。也就是说，从除了产品质量、服务品质以外的改善经营质量的角度上看，回答是 NO。

（2）如何提高客户满意度

为了实现更高程度的客户满意度，有两点很重要：一个是每个过程其维持和改善状况的充实度，第二是综合性整合的活动。为了与第 1 章所示的品质变迁相对应，就需要提高每个过程的水平。与持续改善每个过程，扩大品质和质量的操作方式相对应也是必要的。另外，支撑改善根本的观点是"用数据说话"。看一下 TQM 的培训项目，就能看出一般来说统计数据的处理会占据大部分时间。这是因为一旦统计手法得以有效应用，每个过程的改善就会简单很多。

将每一个维持、改善活动进行整体性实施的手法即方针管理、日常管理。即便每个过程都朝着良性方向发展，但整体无法完美整合的情况还是时有发生。因此，方针管理就是要将高层领导制定的方针明确传达给每个过程并落实执行。在落实执行该方针的基础上，改善每个过程并使整体向着理想方向发展。另外，为了能够维持成果，日常管理也非常重要。日常管理的目标，可以说就是维持每一次改善至良好状态的过程。综上所述，通过对每个过程进行改善和维持，可以达到实现高度顾客满意度的目标。

（3）品质管理模板的有效活用

之前叙述的 ISO 9001、戴明奖、马尔科姆·鲍德里奇国家质量奖，都是推进 TQM 的示范。用于构筑或评价企业自身具备的品质、质量相关内容。对这类示范进行灵活利用的概略图如图 6-4 所示。首先，基础水平的教育、5S（整理、整顿、清扫、清洁、素养）位于最底层，支撑着上方其他构成。接着，再上一层是标准化。然后是 ISO 9001，它是未划定行业的一般性标准，另外其所要求的是认证的最基本水平。

因为 ISO 9001 并未规定所能达到的水平，所以在改善其达成度效果的角度看，ISO 9004 的示范或 TQM、六西格玛更为合

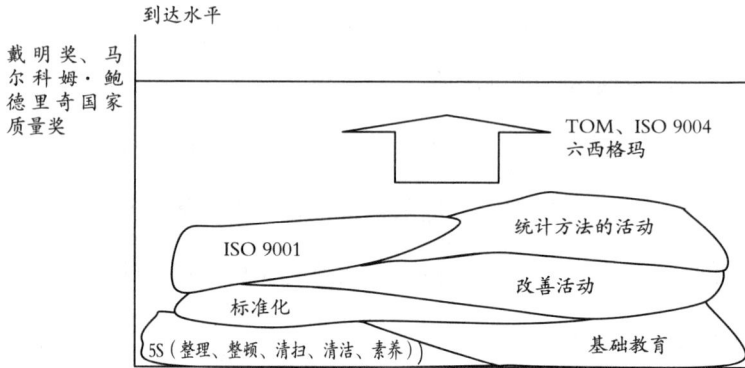

到达水平

戴明奖、马尔科姆·鲍德里奇国家质量奖

TOM、ISO 9004
六西格玛

统计方法的活动

ISO 9001

改善活动

标准化

5S（整理、整顿、清扫、清洁、素养）

基础教育

> 品质管理由5S、基础教育、标准化、改善活动等支撑，ISO9001是基础的延伸。TQM及六西格玛对提高其水平是有效的，而评价其效果由戴明奖等负责

图6-4 品质管理的模板以及效果活用

适。另外，戴明奖、马尔科姆·鲍德里奇国家质量奖可以看作是评价的示范。因此，利用 ISO 9001 等来开展其基础性活动，将 TQM 的方针管理或六西格玛流派的项目基础改善活动付诸实践，提高水平，再评价所达到的水平会更为妥当。

TQM 所要打造的文化与氛围

（1）TQM 改变企业氛围

将 TQM 有效引入的企业，会产生如下文化：

· 公开透明各人职责

· 彻底贯彻工作目的

· 遵守应做的事

· 明确未遵守时的措施

换言之，就是确立了一种将自然而然的事项更加切实实施的文化。

1999 年发生的核燃料加工设施 JCO 的临界事故，从 TQM 角度来讲，是否遵守了标准是其问题所在。事故原因即问题点是，所制定的工作方法虽然是标准的，但操作者并未遵守，并且管理人员也对其做法采取默许的态度。也就是说，不仅是操作者，对脱离标准的情况置之不理的企业也存在很大问题。

另外，汽车行业也有隐瞒汽车召回情况的问题。这不仅是隐瞒缺陷这一伦理问题，从 TQM 角度来看，还意味着并未将凸显的问题看作冰山一角而彻底采取应急对策或开展防止再次发生的活动。可以说这是鼠目寸光，更是忘记了到底什么是最基本和最重要的事情。

一般来说，引入 TQM 后，不良品和投诉马上就会多起来。这并不是品质和质量的恶化，而是因为到目前为止未能处理的不良品和投诉终于得到了重视，而反映在结果上就是投诉或不良品的暂时增多。然后，问题解决是会带来利润的，所以可以说一旦找到问题就如同发现宝贝一般。因此，随着 TQM 的有效引入，暂时增多的不良品及投诉会慢慢变少。

（2）如何打造企业的文化和氛围

TQM 有效重建企业文化和氛围的重要内容有：

· 领导层确切方针的提示

· 根据流程方法落实日常工作

· 教育支撑

· 自律方法的引入

即使每个个体都在拼命努力，如果方向分散也不会拧成一股绳使力量最大化。因此，领导层需要设定基于企业理念、蓝图的方针，并采用将其展开付诸实践的方针管理。有时候企业会面临对选择方案 A 还是 B 犹豫不决的问题。这个时候，就需要对照符合高层设计的方针进行判断。如果领导层没有方针，那么下属企业机构就会不知道如何行动。因此，首先最必要的就是确定可实现、易理解、对企业持续成长切实有利的方针。

然后需要考虑的是，将领导层的方针分别切实予以落实。方针的定义一般都来自于对结果如何处理。为了每天的实践能得到理想的结果，就需要介入过程之中。这时候起到作用的就是流程方法。根据流程方法，连续开展每项工作，规定应做事项，做到切实实施。

最后，基于流程方法，实践列入计划的活动。为了付诸实践，工作人员每个人都需要具备出色完成任务的能力。必须与海外联系，但如果制作的人才计划中列入了不擅长外语的人，是不会出成效的。换言之，可以说引入 TQM 的关键内容才能打造企业良好的氛围和文化。

（3）如何维持良好的氛围

维持好营造的良好氛围和文化是非常重要的。这一点除了继续教育外别无他法。这与运动员为了维持基本体力而必须持续进行基础体力训练是一个道理。

关于标准，在初期强调的是"如何做"和"为什么做""没有它会有什么困难"等。但是随着时间的流逝，这些大多都被遗忘了。最终只留下"这样做"的方法，而该方法的必要性却不能被深刻认识到。这一情况见图 6-5 所示。为了避免弱化，就需要不断地对基础能力和标准的重要性开展培训。

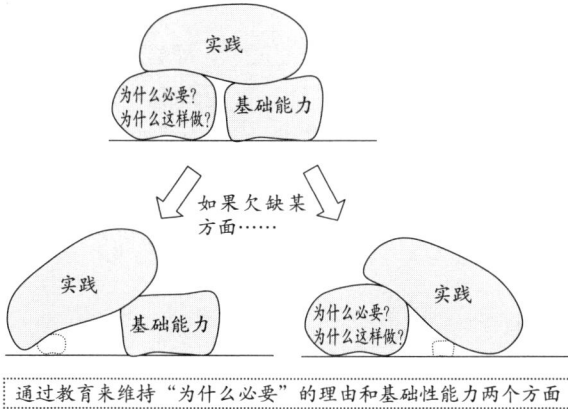

图 6-5　企业氛围和文化需要不断维持

　　维持和改善的扎根也是重要环节。另外，在无法开展切实改善活动的现场，是不可能进行大规模改善的。某企业自从 30 多年前引入改善提案制度以来，一直都做到了贯彻实施。像这样，领导层坚持方针，通过持续凸显重要性，企业的文化和氛围就得以维持。一旦中断就会难以恢复。所以务必记得要维持，同时相应地推进开展活动。

TQM 导入的要点

（1）TQM 推行组织的设置

引进 TQM 的时候，企业一般都会设置 TQM 推行工作负责人一职。不会为了 TQM 的引进而加强设计部门、生产部门的实力等。为什么这么说呢？那是因为 TQM 是各个部门在各自工作中实践的整个企业的活动。为了更好地推进整个企业的活动，就设置了推行负责人一职。

如果是大型企业，就如图 6-6 所示，将推动 TQM 建设的部门定位为一个专门的部门。另外，为了推动 TQM 建设，由于需要企业整体的信息，所以需要站在跨越部门的立场上考虑问题。有时候还需要同时负责环境以及 CSR（Corporate Social

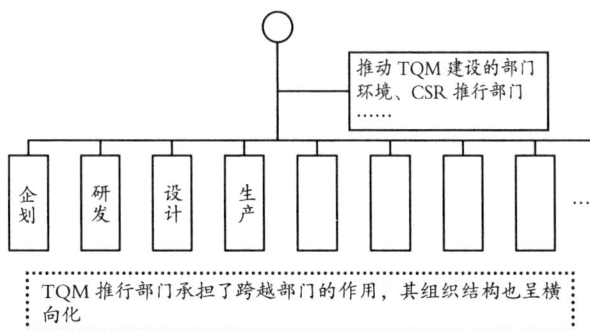

推动 TQM 建设的部门
环境、CSR 推行部门
……

企划　研发　设计　生产　…

TQM 推行部门承担了跨越部门的作用，其组织结构也呈横向化

图 6-6　TQM 推行组织的定位

Resposibility：企业社会责任）等等。而在小型企业中，有时候某个部门负责 TQM 的推动工作。

（2）推行部门的作用

TQM 推行部门的作用是，更好地实行品质管理的 PDCA。首先，作为企划（P）阶段，包含了为确定领导层的方针而进行的准备、旨在为实现方针而打基础的培训计划的制定、各种标准化推进计划的制定等内容。关于培训，还提出了为 QC 小组等可与外部进行交流创造机会等内容。标准化等内容虽然由各部门实施，但其日程管理还是交由推行部门负责比较好。

接下来的实施（D）阶段是按照既定方针开展活动的准

备。然后是确认（C）是否在按计划推行 TQM。接着就是方针的制定有无问题、或适度讨论是否有问题以及根据需要进行处置（A）的阶段。推行部门担负着多方面的职责，可以说它是 TQM 成功与否的关键。

（3）如何避免形式化

即便是 TQM，与其他经营管理方法一样，也会有流于形式的可能。为了排除这一可能性，需要时刻提醒是开展 TQM 的初衷，这样的"刺激"很重要。这不仅仅针对 TQM，而且是很多经营管理方法所共通的问题。

比如说，方针管理将品质质量在各部门展开，目的是彻底贯彻其方针。而与之相对的，纯粹为了追求管理项目的数值的行为就脱离了 TQM 的本质。另外，关于标准化，不遵守操作标准的行为也不符合 TQM 的本质要求。

为了防止这种情况的发生，需要经常考虑目的是什么，彻底进行基础教育，在适当时刻给予某种刺激。任何活动都有其必要性，时刻意识到这一点是很重要的。

结束语

　　质量和品质的好坏直接关系到产品和服务，所以无论什么企业，都需要举全企业之力将所提供的产品的质量和服务的品质提高到更高水平。为此，无基础者也能够轻松阅读的随身书不可或缺。为此笔者决定执笔本书。

　　对 TQM 持批判意见的人也不在少数，但均未针对其本质和核心。丢掉本质和核心、流于形式的运营是问题所在，TQM 本质和核心在任何时代都是有效的。因为对"一旦一般性活动的范围扩大后，本质和核心会模糊不清"心存担忧，所以我在本书中对 TQM 的有效本质、核心、活动内容进行了跨时代的解释。

本书得到了恩师狩野纪昭先生以及相关主题的研究学者永田靖先生等诸位老师和实干家的悉心指导。另外，日本经济新闻社的堀江宪一先生也给予了许多宝贵意见，以及内人麻季也一直给予支持。深铭于心，在此一并致谢，感激之情，述之不尽。

东方出版社助力中国制造业升级

定价：28.00 元

定价：32.00 元

定价：32.00 元

定价：32.00 元

定价：32.00 元

定价：32.00 元

定价：30.00 元

定价：30.00 元

定价：32.00 元

定价：28.00 元

定价: 28.00 元

定价: 36.00 元

定价: 30.00 元

定价: 32.00 元

定价: 32.00 元

定价: 32.00 元

定价: 38.00 元

定价: 26.00 元

定价: 36.00 元

定价: 22.00 元

"精益制造"专家委员会

东方出版社

广州标杆精益企业管理有限公司

标杆精益®
BENCHMARK LEAN

人民东方出版传媒
People's Oriental Publishing & Media
东方出版社
The Oriental Press

"制造业内参" 手机端内容面市

双渠道，让你和世界制造高手智慧同步

1 | 今日头条号：日本制造业内参
每天 10 点，免费获取日本制造业前沿资讯

2 | 微信公号："制造业来啦"
得到日本制造业内部资讯，专家课程、独家专栏

3 | 日本制造业·大师课

已上线课程：

- 片山和也：
《日本超精密加工技术》
10 节课，带你掌握下一代制造业的核心方法论

- 山崎良兵、高野敦、野々村洸：
《AI 工厂：思维、技术 13 讲》
学习先进工厂，少走 AI 弯路

即将上线课程：

- 国井良昌：《设计、技术、工艺、研发人员·晋升 12 讲》
成为技术部主管的 12 套必备系统
- 《AR、MR、VR 的现场开发和应用》
- ……

图书在版编目（CIP）数据

TQM 全面品质管理 / （日）山田秀 著；赵晓明 译 . —北京：东方出版社，2016.1
（精益制造；31）
ISBN 978-7-5060-8932-6

Ⅰ.①T… Ⅱ.①山… ②赵… Ⅲ.①企业管理—全面质量管理 Ⅳ.①F273.2

中国版本图书馆 CIP 数据核字（2016）第 026428 号

TQM Hinshitsu Kanri Nyumon by Shu Yamada
Copyright © 2006 Shu Yamada
Simplified Chinese translation copyright 2016 Oriental Press,
All rights reserved
Original Japanese language edition published by Nikkei Publishing Inc.
Simplified Chinese translation rights arranged with Nikkei Publishing Inc.
through Beijing Hanhe Cultre Communication Co., Ltd.

本书中文简体字版权由北京汉和文化传播有限公司代理
中文简体字版专有权属东方出版社
著作权合同登记号　图字：01-2015-6165

精益制造 031：TQM 全面品质管理
（JINGYIZHIZAO 031：TQM quanmian pinzhi guanli）

作　　者：［日］山田秀
译　　者：赵晓明
责任编辑：崔雁行　高琛倩
出　　版：东方出版社
发　　行：人民东方出版传媒有限公司
地　　址：北京市东城区朝阳门内大街 166 号
邮　　编：100010
印　　刷：北京文昌阁彩色印刷有限责任公司
版　　次：2016 年 4 月第 1 版
印　　次：2023 年 1 月第 9 次印刷
开　　本：880 毫米 ×1230 毫米　1/32
印　　张：6.875
字　　数：143 千字
书　　号：ISBN 978-7-5060-8932-6
定　　价：36.00 元
发行电话：（010）85924663　85924644　85924641